思考を アウトプットする 1秒図鑑

知的生活追跡班［編］

考える　学ぶ　読む　　話す　書く　伝える

input　　　　　　　output

青春出版社

はじめに

たった1秒の差が大きな結果につながる！

　自分の考えをうまく伝えられない、交渉のときにとっさの決断がくだせない、言われたことにすぐに反応できない——。

　頭の中ではいろいろと考えているつもりなのに、いざとなるとそれを相手に伝えることができずに悩んでいる人は少なくないはずです。

　ビジネスで求められるのは、なんといっても「瞬発力」です。優柔不断のままでいたり、肝心なところで即断即決ができなければ、あっという間に取り残されてしまいます。

　そこで本書は、「インプットする力」と「アウトプットする力」を、「考える」「学ぶ」「読む」「話す」「書く」「伝える」などのビジネスシーン別に紹介しています。

　仕事の成果は、アウトプットの量と質に左右されます。しかも、アウトプットにはインプットよりも積極的で高い行動力が求められます。

　しかし、いったん手に入れた情報を効果的にアウトプットできなければ、それはただの知識のままで終わってしまいます。

　新たな成果を達成したり、次の結果につなげるためにも、たった1秒で仕事の"瞬発力"が上がるノウハウを身につけてみませんか。

２０１９年１月

　　　　　　　　　　　　　　　　知的生活追跡班

思考をアウトプットする１秒図鑑　Contents

はじめに……3
ビジネスパーソンのみなさん
あなたは１秒でこのクイズが解けますか？……11
この本の使い方……20

Chapter 1 インプット

考える力……24

論理的思考力①	「関係」をつかむ	26
論理的思考力②	「流れ」をつかむ	27
論理的思考力③	頭の中を「整理」する	28
論理的思考力④	「段階」を設定する	30
論理的思考力⑤	考える「習慣」をつける	32
論理的思考力⑥	「項目分け」して考える	34
	論理的思考力ドリル……35	
発想力①	アイデアの「ヒント」の見つけ方	36
発想力②	発想できる「感性」を磨く	38
発想力③	ひらめきを逃さない	39
発想力④	アイデアの連鎖を起こす	40
発想力⑤	使えるアイデアを生む	42
発想力⑥	煮詰まった頭を打開する	44
発想力⑦	漠然としたものに形をつける	46
	発想力ドリル……47	

判断力①	情報の真偽をつかむ	48
判断力②	客観的な視点を持つ	49
判断力③	本質を見抜く	51
判断力④	捨てることをおそれない	52
	判断力ドリル……53	
問題解決力①	「数字」データを活用する	54
問題解決力②	「批判」を利用する	55
問題解決力③	問題点を明確にする	56
問題解決力④	新たな視点を持つ	58
	問題解決力ドリル……59	
戦略的思考力①	「思考のクセ」を取り除く	60
戦略的思考力②	「思考のクセ」を変える	62
戦略的思考力③	「説得力」を上げる	64
戦略的思考力④	「リスク」を回避する	65
戦略的思考力⑤	効率よく仕事を進める	66
戦略的思考力⑥	仕事の「生産性」を高める	68
	戦略的思考力ドリル……69	

学ぶ力……70

記憶力①	脳を活性化させる	72
記憶力②	難解な内容を理解する	74
記憶力③	思い出すスピードを上げる	76
記憶力④	倍量を覚える	78
記憶力⑤	記憶を定着させる	80
	記憶力ドリル……81	

疑問力①	斬新なアイデアを生む	82
疑問力②	真実に気づく	84
疑問力③	改善策を生む	86
	疑問力ドリル……87	
集中力①	集中を遮断させない	88
集中力②	優先順位をつける	90
	集中力ドリル……91	

読む力……92

読解力①	「真意」をつかむ	94
読解力②	「理解」を助ける	96
読解力③	情報整理ができる「書き込み」	98
読解力④	瞬時に「内容」をつかむ	100
	読解力ドリル……101	
速読力①	情報収集力を上げる	102
速読力②	情報を見抜く	104
速読力③	情報を厳選する	106
	速読力ドリル……107	
情報収集力①	効率よく情報収集する	108
情報収集力②	有益な情報を得る	110
情報収集力③	思考の幅を広げる	112
	情報収集力ドリル……113	
情報整理力①	データ管理の方法	114
情報整理力②	考える「習慣」をつける	116

情報整理力③	思考の流れをつかむ …… 118
	情報整理力ドリル …… 119
裏読み力①	情報の付加価値に気づく …… 120
裏読み力②	相手の状況を知る …… 122
	裏読み力ドリル …… 124

1秒で解きたい！ ビジネス瞬発力クイズ …… 125

Chapter2 アウトプット

話す力 …… 132

説明力①	論理的に話す …… 134
説明力②	誤解を生まない話し方 …… 136
説明力③	相手の理解を助ける …… 138
説明力④	的確に伝える …… 140
説明力⑤	イメージを具体的にさせる …… 142
	説明力ドリル …… 143
交渉力①	相手の心を動かす …… 144
交渉力②	要求をきいてもらう …… 146
交渉力③	交渉時の主導権を握る …… 148
交渉力④	会議の主導権を握る …… 150
	交渉力ドリル …… 151

雑談力①	会話の主導権を握る	152
雑談力②	会話を盛り上げる	154
雑談力③	相手を飽きさせない話し方	156
	雑談力ドリル	157
プレゼン力①	メッセージが伝わる構成	158
プレゼン力②	気持ちを落ち着ける	160
プレゼン力③	聞き手を巻き込む	162
プレゼン力④	言葉に詰まらないために	164
プレゼン力⑤	プレゼン後に行うこと	166
	プレゼン力ドリル	167
心理操縦力①	言いにくいことを伝える	168
心理操縦力②	相手を操る	170
	心理操縦力ドリル	172

書く力 …… 173

メモ力①	生産性を高める	175
メモ力②	雑談をビジネスにつなげる	177
メモ力③	使えるメモの取り方	178
メモ力④	メモを最大限活用する	179
	メモ力ドリル	180
企画力①	通る企画案の法則	181
企画力②	説得力が増す企画書	183
企画力③	企画書の書き出し	185
	企画力ドリル	186

文章力①	ポイントが伝わる文章	187
文章力②	ポイントがブレない文章表現	189
文章力③	読みたくなる書き方	191
	文章力ドリル……192	
手紙・メール力①	トラブルの元をつくらない	193
手紙・メール力②	心をつかむ	195
手紙・メール力③	確実に読んでもらう	197
	手紙・メール力ドリル……198	

伝える力……199

質問力①	相手の本音を引き出す	201
質問力②	「いい質問」をするために	203
質問力③	相手の手の内を理解する	205
質問力④	会話を盛り上げる	207
	質問力ドリル……208	
回答力①	相手を納得させる	209
回答力②	好感度を上げる断り方	211
回答力③	トラブルを大きくしない「言葉」	213
	回答力ドリル……215	
好感力①	好かれたい人との距離を縮める	216
好感力②	好感度を上げるふるまい	218
好感力③	印象を変える表情	220
	好感力ドリル……221	

本書は『図解1分ドリル この一冊で「考える力」と「話す力」が面白いほど身につく!』(2009年)、『図解 考える 話す 読む 書く しごとのきほん大全』(2016年)をもとに、改題・加筆・修正のうえ、新たな情報を加えて再編集したものです。

本文イラスト　川村易、髙田真弓
本文デザイン・DTP　遊歩工房
　　　　　制作　新井イッセー事務所

ビジネスパーソンのみなさん

あなたは1秒でこのクイズが解けますか？

1秒で解けますか？
ビジネス瞬発力クイズ

Q1
物事を戦略的に進めるためには、まず情報収集が大切です。一般にいわれている次の5W1Hのほかに、さらに1W2Hを加えるとしたら何を加えますか。

5W1H { Who / What / When / Where / Why / How } +1W2H { W＿＿＿＿ / H＿＿＿＿ / H＿＿＿＿ }

Q2
「どうしましょう？」とたずねてもなかなか指示が出せない優柔不断な上司に、あなたならどんなひと言で決断を促しますか？

A1 Whom（誰に）、How many（どのくらい）、How much（いくら）

[解説] 5W1H「Who（誰が）、What（何を）、When（いつ）、Where（どこで）、Why（なぜ）、How（どのように）」に「Whom（誰に）、How many（どのくらい）、How much（いくら）」を加えた6W3Hはよく使われます。

A2「どうにしましょう？」

[解説] 「どうする？」と聞いてもなかなか答えが出ません。時間の無駄づかいです。こんなときにはフローチャート・クエスチョンを活用して「A、B、どちらがいい？」と２つの選択肢を提示するのです。そのうえでさらに細かい枝葉に分けて詳細に詰めていくと、本人の指示が仰げるようになってきます。

Q3
会社で営業会議などをしていると頻繁に出てくるのが、ブルーオーシャンとレッドオーシャンです。さて、この似たような2つの言葉の違いをひと言で説明できますか？

Q4
取引先に行くために最寄りの駅から出たところで、営業マンの吉田君の携帯電話に別の取引先から電話がかかってきました。そこで、吉田君がとったのは次のような対応です。
間違っているのはどれ？

① 電話に早く出ないといけないので、発信者を確認もしないで「もしもし！」と言った
② 約束の時間に遅れてしまうので、そのまま歩きながら話した
③ 込み入った話らしく、バックから手帳を出してメモをしながら商談をした

A3 ブルーオーシャン：新規市場
レッドオーシャン：競合市場

【解説】 直訳するとそれぞれ、まだ誰で染まっていない青い海、血で染まった赤い海、つまり、競争相手のいないのびのびと動ける市場か、すでに競争相手がひしめく市場かということを表現しています。

A4 ×全部
【解説】 駅のホームもそうですが、よく歩きながら話す人がいますが、必ず止まって話すのが基本です。また、電話をかけてきた方からすれば「はい」、「○○を営業の××です」とまず名乗るべきです。それはオフィスの時間内に選挙してきた電話でも同じです。また、「少々お待ちください」とことわって、後（時間）がわかってから改めて連絡差し上げます、と即答するのがマナーなのかもしれません。

 あなたは、対面でクレーム処理をする担当になりました。上司がいうには、クレーム処理に効果絶大なシャツの色があるとか。さて、何色でしょうか？

① 黒
② グレー
③ 白

 ヤリ手で有名なある経営者は、1日〇〇分だけ、意図的に仕事から離れて散歩や買い物など別のことをしているそうです。ひとつのことに集中すると、客観的な視点を忘れてしまうからだそうで、「私にとっては価値のある〇〇分」だと胸を張ります。さて、〇〇に入る数字とは？

① 15 分
② 30 分
③ 1 時間

【解説】A5 ③ 白
各色の連想では、白は「純潔」「純粋」「汚れがない」「買うターゲット」などを連想させます。クレームの多くは、お客にとって「ステップアップしてよりよくなりたい」という姿勢を示すのです。草案の段階でクレームを受け付けたら、一緒に検討してよりよい重要財産です。

【解説】A6 ② 30分
仕事中に30分も休憩なんて意外かもしれません。しかし、車中から降りてしまい仕事を続けるよりも、たった30分、目の前の仕事から離れることで、1日のトータルで仕事の効率を上げることができます。15分程度ならイマイチ消化になりますが、1時間はちょっと長すぎます。

Q7
1か月間、決まった金額を払えば、ラーメンやコーヒーを毎日食べたり飲んだりできるサービスが話題ですが、この定額で、一定期間の使用権を持つビジネスモデルのことを何というでしょう？ 1秒でサッと答えてください。

Q8
プレゼンをする相手が多いときには、誰を見ながら話せばいいか迷うものです。あまりにも目線をキョロキョロとさせてしまっては相手に落ちつかない印象を与えてしまいます。では、大勢の人を前にして話すときに適した目線の動かし方とはどのようなものでしょうか？

A7 サブスクリプション
【解説】 ほかにもフィットネスの定額使い放題サービスや、雑誌の読み放題などさまざまな業種に広がっています。一見、使い放題にも見えますが、店側にとっては固定客を継続して確保しているのでしょう。

A8 Ｚパターンで聴衆の目を見る
【解説】 一人を長く続けることに抵抗があるなら、Ｚパターンで人の目を追うように目線を動かします。「自分に話しかけている」という印象を与えることができますが、あくまでも縁の人の部分だけで、実際は少しずつ首を振っているものです。

 遠方での会議に出席するため、上司や他の社員数人で新幹線に乗っています。打ち合わせのために座席を向かい合わせにしたのですが、一番若くて平社員のあなたは、どこに座ればいいでしょうか?

① 進行方向を向いた窓際の席
② 進行方向を背にした真ん中の席
③ 進行方向を背にした通路側の席

 新聞やテレビなどで、毎日のように見聞きする「インバウンド」ですが、この意味を1秒で答えられますか？

A9 ②進行方向を背にした真ん中の席

【解説】進行方向を向いた窓際が最上座、次が進行方向を背にした窓際の席。そして、その反対の通路側が上座となります。下座は、中央の2席。となります。また、進行方向を向いた中央の席は、その反対の座席よりも席順が上になりますので、減行方向を背にした席よりも、あなたの席ではありません。

A10 訪日旅行客

【解説】インバウンド(inbound)には「到着の」という意味があります。ビジネスの際で、インバウンド(inbound)とインバウンドビジネスは、外国語訳はアウトバウンド(outbound)で、日本から外国に行くという意味になります。※旅行することになります。

あなたは何問解けましたか？

じつは

正答率で "ビジネス瞬発力" がわかります！

全問正解 → "ビジネス瞬発力"に優れています。本書でさらに磨きをかけましょう

6問以上正解 → "キレ者"と呼ばれるまであと一歩。本書で使えるビジネスのノウハウを増やしましょう

4問以上正解 → 能力を"使いこなす力"を身につけましょう。特にChapter2に力を入れれば百人力です

正解ゼロ → 「使える力」をインプットするために、まずはChapter1からじっくり読み込みましょう

ところで…
仕事の"瞬発力"を上げるにはどうしたらいいのでしょうか?

=『インプット』
だけでは伝わらない…

 =『アウトプット』
だけでは深みがでない…

「インプットする力」と
「アウトプットする力」が
身につけば
仕事はどんどんうまくいく!

片方だけじゃダメだ!!

さあ!
仕事で悩んでいる人は
本書で"瞬発力"をゲットしよう!!

この本の使い方

＜学ぶ＞

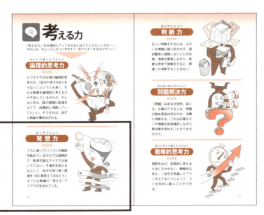

● 「アウトプット」に必要な力を知ろう

アウトプットのテクニックだけを身につけても、薄っぺらなものしか身につきません。深い思考から生み出されたものを的確に相手に伝えるには、"インプット"と"アウトプット"に必要な力を学習することが大切です。本書は、それらの2つの力がたった1秒でわかるように、図とともに説明しています。まずは、どんな力が必要なのか、頭に入れることからスタートしてみましょう。

● 「2つの力」の身につけ方と使い方を知ろう

"インプット"と"アウトプット"にはそれぞれセオリーがあります。そのやり方さえ知っていれば、誰でも簡単に、すぐ身につけることができます。

＜実践＞

●実際に試してみよう！

"インプット"と"アウトプット"の理論を学んだら、次は実践あるのみです。たとえば仕事やプライベートで困ったり、悩んだりするシーンを想定して、思考をアウトプットするためのやり方を分かりやすく説明しています。実際にトライしながらコツさえマスターすれば、アウトプットの精度とスピードがみるみる上がります。

●ドリルで力を磨こう！

それぞれの項目の最後には、どれくらい身についたのかをチェックするための「ドリル」があります。理論（学ぶ）と実践を通してどの問題も考え込むことなく、誰もがパッと解けるレベルです。1秒で解くことを目標に挑戦してみてください。会議や打ち合わせ、雑談などで、頭の回転がアップして、キレのあるアウトプットができるようになります。

Chapter 1 インプット

考える力
- 論理的思考力
- 発想力
- 判断力
- 問題解決力
- 戦略的思考力

学ぶ力
- 記憶力
- 疑問力
- 集中力

読む力
- 読解力
- 速読力
- 情報収集力
- 情報整理力
- 裏読み力

考える力

「考える力」を合理的にアップさせるにはどうしたらいいのか──。
それには、ちょっとしたコツやセオリーをマスターするだけでいい！

論理的思考力（ろんりてきしこうりょく）
DATE

ビジネスでは必須の論理的思考だが、「自分の考えがまとまらない」という人も多い。それは物事を論理的に考える力が不足しているからだ。そんなときは、話の展開に筋道を立てて、段階的に判断していくといい。そうすれば、自ずと結論が導き出される。

発想力（はっそうりょく）
DATE

イスに座ってパソコンの画面を眺めているだけでは画期的で、実現可能なアイデアは湧いてこない。場所を変えるなどして、自分を取り巻く環境を180度変えてみるとマンネリとは無縁の"使える"アイデアが生まれてくる。

はんだんりょく
判断力

— DATE —

正しい判断をするには、よけいな情報に振り回されず、固定観念に固執しないことが必要。情報を整理しながら、柔軟な思考で推察をすると、間違った判断をすることはない。

もんだいかいけつりょく
問題解決力

— DATE —

「問題」はある日突然、起こる。仕事のデキる人は、問題の根本原因は何なのか、冷静に判断する。それは、必要なモノや情報を取捨選択しながら解決策を見出すことができるからだ。

せんりゃくてきしこうりょく
戦略的思考力

— DATE —

戦略的思考力は視野を広げ、多面的に考えるために欠かせない、戦略的な考えだ。一歩先を見越したプランを立てることによって、コトを有利に運ぶことができる。

論理的思考力 ①
「関係」をつかむ

●思考の混乱を招く「理屈」に惑わされない

　論理的思考の基本は、2つのものごとについて「相関関係」と「因果関係」をはっきりさせることだ。

　相関関係とは「片方が変化すれば、それによりもう一方も変化する関係」のことで、因果関係とは「両者が原因と結果の関係にあること」である。この2つの関係をあいまいにしたまま学んでしまうと、正確な関係性をつかめないことになる。

　たとえば、「健康な人には早起きが多い」という統計があるとする。この場合、「健康である」ことと「早起きをする」ことの間には、何らかの関係があるといえる。これが「相関関係」だ。

　しかし、だからといって「早起きをすれば健康になれる」と即座に判断してはならない。早起きをすれば健康になるとは限らないからだ。

　つまり、「健康である」ことと「早起きをする」ことの間には、「原因」と「結果」の関係である「因果関係」は存在しないということになる。

　よく「安いものは売れる」といわれるが、では「売れるものは安い」かというと、そういうわけでもない。高くても売れるものはいくらでもあるからだ。

　たしかに何らかの「関係」はあっても、それが必ずしも「原因」と「結果」という関係には結びつかない。そこを見極めることが、論理的思考の基本である。

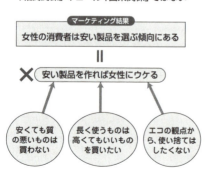

「相関関係」イコール「因果関係」ではない

論理的思考力❷
「流れ」をつかむ

考える力

●論理力が身につく「記号メモ」

　論理的に考えられないときがある。その理由のひとつは、頭の中にいろいろな情報やアイデアがたくさんあるのに、それらがうまく整理整頓されておらず、きちんとまとまっていないからだ。これでは、いくら論理的に考えようとしても混乱するばかりである。

　そこで試したいのが、頭の中にあるものを言葉に出して書き留めることである。その際、「→」や「＝」などの記号を利用するといい。

　たとえば、ある企画書がまとまらないのはなぜか？→ある問題が未解決だからだ→その問題を解決するためにはどうすればいいか？→別の部署にアイデアを出してもらう──。というようにすると、問題が明確になり、そのための解決方法も浮かび上がってくる。

　また、「Ａ社で〇〇〇〇万円の契約成立＝新製品120個納入→次の商談のための提案を準備」といった具合に流れのあるメモをとれば、考えがまとまり、自分が次にすべき目標と行動も見えてくる。

　さらに、新しいアイデアが浮かべば「→」で書き足したり、別の角度からの発想が浮かべば「＝」でつなげばよりわかりやすくなる。

　混乱している思考に筋道を見出すためには、記号をフル活用していま取り組んでいる**仕事の「流れ」を的確につかむ**ことが大切なのだ。

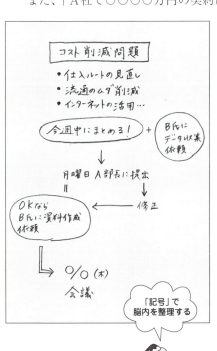

「記号」で脳内を整理する

論理的思考力 ❸
頭の中を「整理」する

●情報を整理する「コーネル大学式ノート」

　頭の中にインプットした情報や、会議で手に入れた新しい情報を整理するためにノートを活用するのは必須である。ただ、このノート整理術にもコツがある。

　たとえば、大学などの講義のノートのまとめ方として有名な「コーネル大学式ノート」作成法をビジネスパーソンもぜひ活用してほしい。

　まず、1ページを3つのブロックに分ける。もっとも大きなスペースは、ふつうに「ノート」として使い、聞いた話をそのまま書き込む。

　次に、その「ノート」の左側3分の1ほどは「キュー」とし、話の中に出てくるキーワードや疑問点、アイデアなどを書き込む。

　そして、下段を「サマリー」として、ここだけ読めばそれらの内容が把握できるように、そのページを要約して書き込むのだ。

　会議中にとったノートを見ながら、ポイントとなるキューを書き、そして全体をまとめてサマリーをつくる──。

　こうすれば会議の内容全体が頭の中で整理され、確実な知識としてインプットされていくのだ。

●会議は1冊のノートにまとめる

　ところで、会議用のノートというと、どうしてもテーマやプロジェクトごとに別々のノートをつくって情報を管理しがちである。
　たしかに、これだと一見きちんと内容が整理されているように思えるかもしれない。
　しかし、会議用のノートはすべて1冊にまとめて整理したほうがだんぜん便利だし、情報の再確認などにも効率的である。
　たとえば、いま3つのプロジェクトに関わっているとしよう。
　Aは現在進行形で進んでいるので、毎日会議がある。Bはスタートが半年先なので、会議は週に1回程度。さらに、Cはまだ企画を固めている段階なので、会議も月に1回しか行われていない──。
　だからといって、これらをいちいち別々のノートに整理しているとノートの使用頻度という点では大きな差ができてしまう。
　たとえば、Aのノートは毎日使うので20日で使い切る。ところが、Bは週に一度しか使わないので1か月以上たっても使い終わらない。さらに、Cは半年以上過ぎてもまだあまり使っていない、という状態が生まれる。
　使用回数の少ないノートは見返す頻度が減るので、そこに書かれてある内容の記憶も希薄になる。そのたびに頭の中で一から思い出さなければならず、いざというときにはとても非効率的だ。
　そこで、**すべてを1冊のノートにまとめておけば、ノートを開くたびにすべてのプロジェクトの内容と進捗状況が一目瞭然**になる。
　それだけ**新しい発想も生まれやすい**し、まだあまり進んでいないプロジェクトのために思いついた**アイデアをメモしておけばいずれは再利用**もできる。
　しかも、**問題点や課題を書き留めておけば、時間があるときに考えることもできる。**
　つまり、忙しいビジネスパーソンこそ、会議のノートは1冊にまとめることで、時間差のある内容の異なる仕事にも効率的に対応できるのである。

論理的思考力 ❹
「段階」を設定する

●考える力を効率よく鍛える「目標設定法」

「千里の道も一歩から」ということわざがある。

どんなに遠い道のりであっても、一歩一歩確実に進んでいけば、いつかは目的地にたどり着くのである。

ビジネスについても同じことがいえる。達成すべき目標がどんなに大きくても、たとえ自分の力では不可能に思えても、一歩ずつ進めば成し遂げることができる。

大切なことは、論理的に考え抜いた「段階」を踏むことである。

たとえば、100の大きなテーマを与えられたとしよう。だが、最初から「どうすれば100を達成できるか」を考えてもなかなか進めない。

まずは5までを目標にして、それが達成できたら次は10までと考える。小さな目標を立てることで、少しずつ、しかも確実に最終目標に近づくことができるのだ。

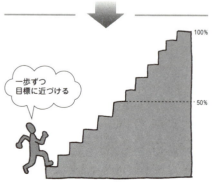

つまり、これらの小さな目標は、ゴールまでのチェックポイントといっていい。

ひとつずつクリアしていけば、その結果が100になるという「目標設定法」に取り組めば「計画的思考」が培われるのである。

それは、ビジネスのさまざまなシーンで力を発揮するはずだ。

●「長期思考戦略」で目的をはっきりさせる

目指す方向はわかっているし、たどり着くべきゴールも明確だ。しかし、何をしていいかわからずにジタバタすることは誰にでもある。

そこでおすすめしたいのが、「長期思考戦略」という考え方だ。

最終目標を見据えてそこから逆算し、クリアすべきチェックポイントを設定する。**最終目標が明確であれば、必ず通るべき途中の段階も自然と見えてくる**というわけだ。

たとえば、1か月以内に1000万円の契約をまとめるという大きな目標があるとしよう。ちなみに、1件あたりの契約が100万円とすれば、10件の契約をまとめる必要がある。

契約をまとめるためには商談の約束を取りつけなければならないが、1件の商談をするために10社に電話をかける必要があるとすると、最低でも100件の電話をかけなければならない。

こう考えれば、自分がなすべきことが具体的に見えてくる。

さらに、商談から契約までの時間を2週間と仮定すれば、逆算して、どれくらいの期間で100件の電話をしなければならないかがわかる。

その結果、最終的に1か月で合計1000万円の契約をまとめるためには、「今日は何件の電話をかける必要がある」かがわかるのだ。

これがつまり「長期思考戦略」である。

最終目標の達成のために「今」すべきことは何かを論理的に考える。そこから、実現可能な第一歩が見えてくるのだ。

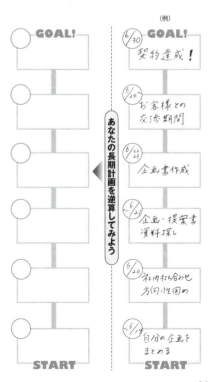

あなたの長期計画を逆算してみよう

（例）
- 6/30 GOAL! 契約達成！
- 6/24 お客様との交流期間
- 6/22 企画書作成
- 6/21 企画・提案書資料探し
- 6/20 社内打ち合わせ 方向性固め
- 6/1 自分の企画をまとめる

START

論理的思考力 ❺
考える「習慣」をつける

●頭の中は「書いて」整理する

　頭の中でいろいろな情報が混乱しているとき、それを整理してスッキリさせるためには、「書く」ことが有効な手段になることがある。この「書いて整理する習慣」はぜひ身につけたい。

　とはいえ、ただ思いつくままに書き散らしても、まとまりがつかないどころか、ますます混乱するだけである。もしかしたら、そこに優れたアイデアが埋もれているかもしれないのにそれも見落とす可能性もある。

　それを避けるためには、まず「テーマ」を決めるといい。

　たとえば、「新規事業」でも「A社への提案」でも「営業の効率化」でも何でもいい。考えるべきテーマを決めて、それを大きくノートに書き出すのだ。そして、あとはそのテーマに関して思いつくことを片っ端から書いていくのだ。

　一見ランダムでまとまりがないように見えるが、テーマが決まっているだけに方向性はまとまっている。

　あとはそれらを元にして、不要なものは削り、足りないものを加えていけば方向性がより明確になる。

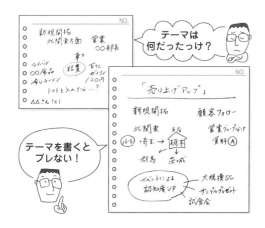

●「コメント日記」を習慣づける

「考える力」を身につけるために、ぜひ習慣にしたいのが日記を書くことだ。一日の出来事を振り返り、整理してまとめることは、論理的思考を養うためのいいトレーニングになる。

しかし、実際には「三日坊主」で終わる人が多い。きちんとした長い日記を書こうとする人に限って挫折するのだ。

じつは、長く続けるコツがある。それは、**長い文章で書かずに、簡単な「コメント日記」にしてみる**ことだ。「A社の担当者と名刺交換。お互いの意見を出し合う」「企画書完成。部長からアドバイスを受ける」というようにメモ書き程度でいいのだ。これなら長続きするし、あとで見返せば詳細を思い出せるはずだ。

あるいは、日記専用の非公開アカウントをつくって毎日ツイートするのも手だ。

一見、かなりあっさりしているように思えるが、しかし、このような日々の記録を残すことで**仕事全体が俯瞰できる**ようになる。

また、上司に報告を求められたときも**記憶をたどりやすい**のでうまくまとめられるメリットがある。

もちろん仕事関連だけでなく、プライベートなことを書くのも自由だ。他人に読ませるものではない、自分だけのコメントだと思って気楽に向き合えば、アタマも柔軟に働くようになるはずだ。

ツイッターに日記専用の非公開アカウントを作っておくと便利！

考える力

論理的思考力 ❻
「項目分け」して考える

●企画書がまとまる8つの項目

　得意先や新しい顧客獲得のためのツールとしてだけでなく、社内向けの提案をする際にも企画書の作成は不可欠だ。そこで、必要なのが論理的思考力である。

　まず、企画の趣旨を正確にプレゼンテーションするためには何が重要か、その要点をまとめてみたい。

　最初に、表紙や序章の部分にあたる「①イントロ」、そしてそれに続くのが「②問題提起」、次に「③テーマおよびターゲットの設定」である。

　それらを踏まえたうえで、具体的なデータに基づく「④現状分析」と「⑤企画案の提示」が続く。ここが企画書の主眼である。

　そして、その企画が実現した際に予測できる「⑥評価」、全体のスケジュールを示した「⑦実行計画」が続き、最後に参考資料などの「⑧付加情報」がつけ足される。

　これらは単に企画書作成の手順というだけでなく、**企画書を構成する重要な骨組みとなる**事項だ。

　これらを企画書に明確に反映させるためには、企画を理論的思考でとらえ、①から⑧の中のどの項目に当たる要素なのかを見極める必要がある。その「項目分け」に論理的思考を発揮させるのである。

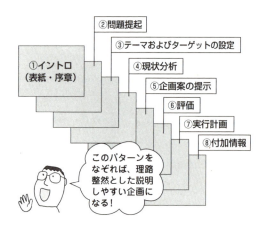

論理的思考力ドリル

質問①
A＜Bで、B＜Cの場合、
C□Aになります。
□に入るのは何でしょうか。
3秒で答えてください。

質問②
8個のボールがあります。
ひとつだけ軽いボールが混ざっているので、天秤を2回だけ使って見つけてください。

質問①の答え
＞ が入ります。

質問②の答え
まず、任意の6つのボールを選び、3個と3個に分けて天秤に掛けます。同じ重さなら、軽いボールは残りの2個のどちらかになるので、残りの2個を量ればわかります。また、重さに差がついた場合は、軽いほうの3個のうち2個を量れば、どれが軽いボールかわかります。

35

発想力 ❶
アイデアの「ヒント」の見つけ方

●企画のヒントは身近な「不平不満」に詰まっている

　世の中にはとかくグチっぽい人がいる。常に何かに不平不満を持ち、文句ばかりを言うのだ。一緒にいてもけっして楽しいものではないので、できればあまり深いつきあいはしたくない。

　しかし、じつは人の不平不満の中にはアイデアにつながるヒントがひそんでいることがある。

　ほとんどの不平不満は、かなり切実なものである。そして、多くの人が何らかの形でそれが改善されることを望んでいる。

　言い換えれば、それはふつうの人たちの欲求であり、新たなニーズでもある。つまり、その**不満を解消できるアイデアがあれば、それが新たな事業を生み出すヒントになる**こともあるし、そのまま**商品化につながれば大きな利益を生む**こともあるのだ。

　実際、世の中には、そんな人たちのクレームから生み出されたものが数多く存在している。不平不満は、たしかに新しいビジネスチャンスにつながるのだ。

　そう考えると、聞いていてあまりいい気持ちのしないグチも、「新しいアイデアの宝庫」として違った聞こえ方をするはずだ。

　うっとおしいと思わず、そっと耳を傾けてみると、意外にも有益な内容だったりするのである。

グチはヒントの宝庫

・まったくもう、なんで毎日雨ばっかり…
・洗濯物は乾かないし
・部屋の中だってジメジメするでしょ
・クサくなるのもイヤだよね〜

いただき！
・部屋干し洗剤
・除菌スプレー
　　　など

・なのに子どもは汚してくるし
・サッと乾く子ども服ってないよね〜
・だいたい洗濯ってもっとラクになんないのかな…

いただき！
・スポーツ素材
・速乾シャツ
　　　　など

●ヒットを飛ばす人の意外な「目のつけどころ」

　ふつうの主婦が日用品を発明し、それで特許をとって億万長者になった話をときどき耳にすることがある。けっしてあり得ない話ではないし、誰にもあり得ることだろう。

　ここで大切なのは、そんなふうにして生み出された発明は、その人が日常生活の中で「こんなものがあったらいいなあ」と感じて、その願いの中から生み出されたということである。

　実際、特許製品の共通点は「日常生活の不便を解消してくれる優れモノ」であるということだ。何も大がかりなものである必要はない。ちょっとした小物で十分なのである。

　不便に感じることをただそれだけで終わらせるのではなく、日頃からそれを書き留めておく。何か形にならないかとアイデアを練り、それが商品化につながる。まさに「必要は発明の母」なのである。

　重要なのは、面倒がらずに"書き留める"ことだ。

　文字にすることによって頭の中に残り、ふだんの何げない瞬間にパッとアイデアがひらめく。そのひらめきが起こるような状況を常日頃からつくり出しておくことが大切なのだ。

　あらためてまわりを見回してみれば、世の中には不便なことはまだまだ転がっている。

　「目のつけどころ」が肝心なのだ。

考える力

発想力 ❷
発想できる「感性」を磨く

●アイデアがポンポン浮かぶ「感動力」を身につける

　優秀な学歴の持ち主で、経験も豊富で知識欲も旺盛。どう考えても優れたアイデアマンのはずなのに、今ひとつ実績を残せないという人がいる。

　どこかで聞いたようなアイデアしか出せないし、発言も凡庸。こういう人は、思考力が欠如しているのかもしれない。

　ではなぜ、そんなことになるのか。その理由は、学歴や知識、経験に安住してしまい、好奇心や感性を磨く努力を怠っていることにある。

　そういう人にありがちなのは、「凡庸なものに見向きもしない」「自分の世界に埋没する」というタイプだ。

　旅行をするのも、食事をするときも、映画を観るときでさえ、誰もが興味を持つようなものには目もくれず、自分の趣味の範疇でしかものごとを見ずに「自分は人とは違うのだ」と自己満足に浸っているのである。

　こういう人は「凡庸なもの＝つまらないもの」と決めつけていることが多い。だから、そういう人には感動する力が薄いのだ。

　しかし、じつは人と同じものに接しても、**自分だけが感じるものを発見する力である「感動力」が新しいアイデアにつながる**ことが多い。

　それを磨かなければ、人の心を動かすような新しい発想は生まれないのだ。

凡庸
優れた性質がなく平凡なこと
↓
普通の何気ない生活の中にある、小さな感動に気づくことができる！

非凡
かなり優れた人材だが、常識とかけ離れているために一部の人しかわからない

発想力 ❸ ひらめきを逃さない

考える力

●発想のトリガーとなる「アイデア貯金」の方法

アイデアというものは、いつ、どこでひらめくかわからない。

通勤電車の中でも、食事中でも寝る前でも、ともかくひらめいたときにすぐにそれを書き留めておけるようにノートや手帳、スマホなどを準備しておき、条件反射のようにすぐに書き残す習慣をつけたい。

アイデアとは、意識をして貯金をしておくものである。時間が経てば「ここはもう少し○○しよう」と発想が広がることがあるし、状況が刻々と変化するなかで「今なら実行できる！」と、チャンスを見逃すこともない。

つまり、アイデアを貯金しておくこととは、常に新しい発想のトリガーを準備しておくということなのだ。

文字や言葉でなくてもいい。思いついた記号やイラストでもいいし、「この風景に何かヒントがあるぞ！」と感じたらスマホで風景を撮影してもいいだろう。とにかく、何でもいいので形にして残すことが大切なのだ。

まったく無関係に見えたものが、頭の中で合体されて予想もしなかったアイデアに成長することもある。発想のトリガーの数と種類は、多ければ多いほどアイデアを形にしてくれるはずだ。

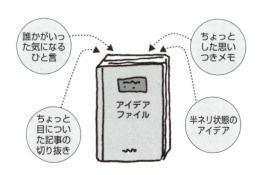

発想力 ❹
アイデアの連鎖を起こす

●「時」と「場所」のメモで
アイデアの連鎖が起こる

アイデアがひらめいたら、それを書き留めるだけでなく、**ひらめいた日時と場所も記録**しておくことを習慣づけたい。

たとえば、通勤電車の中で思いついたアイデアなら、そのアイデアの横などに、

「○月○日　8：10　電車内」

とメモをする。じつは、これがあとでそのアイデアをふくらますのに役に立つのだ。

ほとんどの**アイデアは、偶然にひらめくのではない。発想のきっかけが何かある**はずだ。

電車の窓越しに偶然見かけた看板だとか、ファミレスで食事をしているときに耳にした隣の席の客の会話とか、あるいはコンビニで見かけたお菓子のパッケージでもいい。そんなものがヒントになることも珍しくないのである。

つまり、そういった日付や場所、状況も一緒に書いておけば、ひらめいた瞬間をたどることができる。思いついたときの情景がすぐによみがえってくるのだ。

すると、「たしか、あのOLたちはこんなものを食べていた」と記憶がよみがえり、そこに、より具体的なアイデアを重ね合わせることもできるのだ。

つまり、アイデアと日時・場所を一緒に書いておくことで、頭の中に浮かんだアイデアの連鎖を引き起こすことができるのである。

●いいアイデアがどんどん出てくる「朝メモ」の法則

アイデアを書き留めるうえでもうひとつ忘れてはならないことがある。朝、起床してすぐの時間を有効活用するのだ。

一般的に、**ひらめきは朝、訪れることが多い。起床してすぐは脳が最も活性化している**からだ。

多くの人が「朝が一番、仕事がはかどる」と言うとおりで、朝は脳の働きが一日で最も活発な時間帯なのだ。

だから、朝起きたら、まず積極的に頭の中に蓄積されているアイデアを引き出すように意識してみるといい。それを毎朝続けていけば、自然にいろいろなアイデアが出てくるようになるのだ。

いうまでもなく、枕元にそれらを書き留めるためのノートや、記録するためのスマホを準備しておきたい。

ちなみに、人間のひらめきや直感をつかさどるのは右脳である。

だからこそ、この朝の習慣を続けることで右脳がトレーニングされてますます活性化していくのだ。ようするに、"アイデアの芽"がますます増えて、育っていくのである。

大切なのは、ともかくすぐに文字にして記録することだ。そのことでイメージが頭の中に定着していき、ますますひらめきやすくなる。それがアイデアへとつながるのだ。

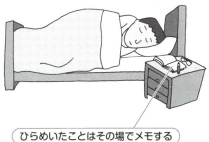

目が覚めてから起き上がるまでの間がひらめきタイム

今日の会議でもっと話し合うことはないだろうか？

昨日、答えが出せなかった案件はどう処理すればいいのか？

新しい企画の切り口はどうするか…

ひらめいたことはその場でメモする

発想力 ❺ 使える**アイデア**を生む

●複数のアイデアを生み出す㊙メモ術

　ノートにいろいろなアイデアを書き並べたとき、これを簡単にグループ別にまとめたり、自由に並べ変えたりできたら便利なのに、と思ったことのある人は多いだろう。

　しかし、ただノートに書き並べただけではそれは不可能だ。

　そこでおすすめしたいのは、**ふせん紙をメモ用紙代わりに使ってアイデアを書き留める**ことである。

　ふせん紙なら**自由自在にまとめたり、並び順も簡単に変えたりできる。パズルのように組み合わせる**ことで、まったく予想しなかった新しい発想が生まれることもある。ノートの使い方の可能性が大きく広がるのだ。

　ただし、ふせん紙に書くのは1枚につき1項目のみ。手帳にペタリと貼っておけば紛失する心配もない。

　そしてアイデアを練るときがきたら、好きなように動かして配列するのだ。

　しかも、ふせん紙の色を変えれば分類も簡単になり、視覚に訴えられる。

　さらに、このやり方だと複数のアイデアが生まれることもある。積極的に活用すれば、アイデアの選択肢が劇的に増えることも忘れないでほしい。

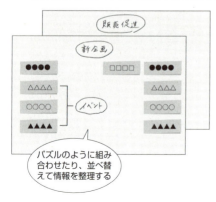

●脳内アイデアを魅力的にさせる「変換装置」

　頭の中でひらめいた新しいアイデアを形にして外に出すことは大切だが、その方法はいろいろだ。

　文字にしてノートや手帳に書き出したり、隣にいる同僚に声に出して説明してみるなどがそれである。

　そうすることで、漠然としていた思いつきがはっきりしたアイデアとして形になる。それがまた、さらに新しい発想につながるのである。

　ところで、もうひとつ忘れてはならないのが「絵に描いてみる」という方法だ。

　何かモヤモヤとした発想のようなものはあるのだが、それを言葉で表現するのは難しい…。そういう場合には、文字ではなく、思いきって絵にしてみるのだ。

　たとえば、新商品のアイデアなら大雑把なラフスケッチでもいいし、仕事のノウハウならフローチャートのような図にするのもいいだろう。

　そうすることで、**言葉では説明しにくかったものが少しずつ明確に見えてくる**。客観的にとらえることで周囲の人にも説明できるようになる。

　絵は、まさにアイデアの「変換装置」なのだ。

　もちろん、絵心がなくても心配はない。誰かに見せるものではないし、あくまでも自分のためのメモ書き程度のつもりでかまわないので、気楽な気持ちでぜひ試してみてほしい。

●アイデアを絵やフローチャートで描いてみよう！

タイトル

考える力

発想力 ❻ 煮詰まった頭を打開する

●発想力が高まる瞬間

　アイデアを練るときの重要なもののひとつに、誰にも邪魔されずに集中できる場所と時間がある。

　たとえば、会社のデスクの前ではなかなか新しい発想が生まれないのは、上司や同僚との会話や電話がかかってきたりして集中力が妨げられるからだ。せっかく何かが浮かびかけていても、雑音が多くてすぐに忘れてしまうことも多い。

　では、どんな状況がふさわしいのだろうか。

　何の邪魔も入らず、自分の考えに集中できるという意味では、通勤電車の中や喫茶店、カフェなどがいいだろう。

　電車の規則的な走行音や揺れは、邪魔になるどころか、かえって集中力を高めてくれる。考えごとをするのにもってこいなのだ。

　実際、クリエイティブな分野で働く人に話を聞くと、電車の中や駅のホームで何かをひらめいた、というケースは多い。

　そういう場所では視界にいろいろなものが入ってきて、それが脳を刺激することもある。**脳を活性化させるには理想的な環境**なのである。

　発想力が高まる瞬間を無駄にしないようにしたいものだ。

●煮詰まったときに効果的な「場所」とは

どうしてもいいアイデアが浮かばなくて行き詰まったときに利用したいのが、書店だ。書店には、世の中の最新情報がズラリと並んでいる。いってみれば"ヒントの宝庫"なのだ。

たとえば、「○○ダイエット」関連の本や雑誌が多ければ、「最近のダイエットはこれがブームなのだ」ということがわかる。

また、いろいろな資格取得に関する本が充実していれば、「○○の資格取得を目指している人が多い」ということに気づく。高齢者向けの「孤独」をテーマにした特集記事が目につけば、「一人で生きている高齢者は意外と多い」ことが浮かび上がってくるだろう。

売れ筋の書籍が並んだ書棚を眺めたり、雑誌の特集の内容をチェックするだけで、現代のトレンドが見えてくるのだ。

また、本のタイトルから時代のキーワードがうかがえることもある。

たとえば「○○する技術」や「○○力」などのタイトルが多ければ、いまは多くの人が自分にふさわしい能力やアビリティを求めている、という傾向や風潮が見えてくる。

自分で企画書を作るときも、それらの言葉を生かせばいいのだ。

そこで、それらの本を直接手に取ってほしい。そうすれば、目次や内容をチェックすれば新しいアイデアがひらめいてくるはずだ。

忘れてはならないのは、書店を利用するときは自分の興味のある分野の売り場だけでなく、個人的には関心のないジャンルの書棚でも"偵察"するつもりで眺めてみることだ。

ただそれだけで、意外なヒントに出会うこともあるはずだ。

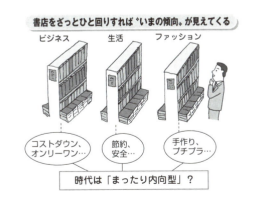

書店をざっとひと回りすれば"いまの傾向"が見えてくる

ビジネス／生活／ファッション

コストダウン、オンリーワン… ／ 節約、安全… ／ 手作り、プチプラ…

時代は「まったり内向型」？

発想力 ❼
漠然としたものに形をつける

●思いつきを「企画」に変える

　アイデアを書き留めるメモ用紙は、なるべく大きなものがいい。仮に、Ａ４のコピー用紙の裏紙などを使うのなら、そのままの大きさでいいだろう。

　じつは、**大きな紙のほうが脳の活性化には効果的**なのだ。

　大きな紙だと、大きな文字でグングン書いたり、図や絵を自由に書きなぐることができる。この「自由に書く」ということが重要なのだ。

　紙の大きさを気にせずに**自在にペンを動かすことで脳が刺激され**、思いがけない発想につながることもある。

　まさに、自分の考えを吐き出すのに便利かつ有効な方法なのだ。

　また、こういった紙を大量にストックしておくこともおすすめしたい。クリアファイルに入れていつでも取り出せるようにしておけば、会議室で打ち合わせするときにも簡単に持ち運ぶことができる。

　いつもパソコンとばかり向き合っているだけでは、脳はなかなか活性しない。ときには大きな紙に自分の手を大きく動かして書くことで、頭の中にある情報を確認できるし、そこから新しい発想に発展する可能性が生まれるのだ。

　そうして、ただの思いつきが使える「企画」へと変身するのである。

発想力ドリル

質問①
イソップ物語に出てくるアリは夏の間、コツコツと働いて食べ物を蓄えました。反対に、キリギリスは大好きな歌をずっと歌っていたのはご存じでしょう。ところで、あなたがキリギリスだったら、食べ物のない冬をどうやって過ごしますか？

質問②
いつもタクシーを使っている人が、「手を挙げずに、タクシーを停めてみせる」といいました。本当にできると思いますか？

質問①の答え
答えは一つではありません。たとえば、「冬は自宅の庭でコンサートを開いて稼ぐ」や「夏の間に知り合ったほかのアリたちの家を渡って暮らす」など、いろいろあります。

質問②の答え
できます（その人はタクシーの運転手だから）。

判断力 ❶ 情報の真偽をつかむ

● 「第一印象」で思考を鈍らせない

　人の評価は、よく第一印象で決まるといわれる。会って最初の数十秒の間に抱いたイメージは、その後も簡単には変わらないからだ。

　だから、第一印象をどう与えるかは、人間関係を築くうえでとても重要なのである。

　じつは、同じことがビジネスにも当てはまる。

　人は、最初に入ってきた情報や印象を簡単に変えることができない。あとから入ってきた情報をなかなか受けつけないのである。"先着順"ではなく、あとから重要な情報が入ってくることもあるのだが、人は２番手以降の情報を軽んじる傾向が強いのだ。

　しかし、冷静になってよく考えれば、２番目以降に入ってきた情報が、じつは本質をついていることもあるし、少なくとも「最新情報」であることは間違いない。

　そういう意味では、２番目以降の情報のほうが重要になってくるし、常に「更新」されるべきである。

　「第一印象」の呪縛にとらえられていると、思考力が鈍ってしまう。**正しく公正な判断をするためには「第一印象」に固執せず、新しい情報を柔軟にとらえる**ように心がけたい。

判断力 ❷ 客観的な視点を持つ

考える力

●自分だけの狭い価値観から一瞬で抜け出す方法

　自分だけの価値観で動く人がいる。過去に成功を収めたり、大きな実績を積み上げてきた人には、とくにそういうタイプが多いようだ。自分の力に絶対の自信を持ち、自分だけの価値観で物事を推し進めようとするのだ。

　もちろん、それでうまくいけばいいが、ときには思ったほどの成果を出ないことがある。

　なぜかといえば、いままでの経験や知識をもとに自分の頭の中だけでひねり出した独りよがりな発想であることが多いからだ。

　ようするに、客観性というものが欠けているわけで、仮にそう判断したら、自分のアイデアを客観的に見直す必要がある。

　たとえば「○○さんだったら、どう考えるだろうか」と想像してみる。自分とは正反対の発想をする人や、異なる視点を持つ人がいいだろう。場合によっては、まったくの門外漢でもいい。

　ともかく、自分の発想にまったく異なる視点から光を当ててみるのだ。

　すると、そこには新しいイメージが生まれ、思いもしなかった"何か"に出会えることもある。

●「思い込み」で判断しない最重要ポイント

さまざまな仕事をこなしているうちに、「○○すれば必ず成功する」という"必勝パターン"が見えてくることがある。

たしかにある程度の成果は期待できるが、しかし同じようなことを繰り返していては新たな展望はない。自分もまわりの人間も、やがて飽きてくるだろう。

しかも、思考パターンもだんだんと同じようなものになっていき、そして、やがて袋小路に入り込んでしまうのだ。

そんなケースから抜け出すにはどうすればいいのだろうか。

ちなみに、自分の必勝パターンを駆使してとりあえず勝てるのだからそれは間違いなく「正解」ではある。

ただ、そう思い込んでしまっては、もうそこからは二度と抜け出すことができなくなる。新しい展望はないだろう。

そこで、まずやるべきは、「物事を正解かどうかだけで判断する」のをやめることだ。同じ仕事でも、内容や相手が変われば別のやり方やセオリーが必要になる。旧態依然のセオリーにこだわっていたら、何も進まなくなるのは当然だ。

そんなときは、勇気をもっていままでの自分の方法を変えてみることだ。「いままでとはまったく状況が違う」ということを素直に受け入れて、**必勝パターンを修正する**のである。

「このやり方なら成功するはずだ」という「思い込み」がもっとも危険なのだ。

その間違った思い込みを捨てて、現実に即した新しいセオリーを尊重することが重要なのである。

凝り固まらずに、事実を見つめる

- 本当にいままで通りでいいのか
- ほかに最適な方法があるのではないか
- 相手が言うやり方のほうが正しいのではないか…

判断力 ③
本質を見抜く

考える力

● 会議を「判断力」アップの場にする

　どんなことでも白黒をハッキリつけたほうがスッキリしていい、そう考える人は多いだろう。もちろん間違いではない。

　しかし、「考える力」を養って「判断力」を身につけるという意味では、答えは必ずしもひとつではなくていいという気持ちでいたほうが、むしろプラスになる。

　実際、世の中には黒でも白でもない「グレーの答え」もたくさんあるし、それが結局は正しかったということも少なくないのだ。

　たとえば、会議を考えてみよう。１０人の参加者がいれば、１０通りの考え方がある。そのうちのどれを「正解」とするかはなかなか判断が難しい。

　最初はＡさんの意見が正しくても、状況やタイミングが少し変わるだけで、Ｂさんの意見のほうがふさわしく思えてくる。

　そういったことはよくある話だし、まったくマト外れに思える考え方でもフタを開けてみるといろいろな可能性を秘めていることがわかる。

　だから、すぐに「これが正しい」と決めつけないことだ。いろいろな仮説を立てて、みんなの考え方を比較検討する習慣を身につけたい。

　それを繰り返すことで、本当の「判断力」がアップするのだ。

会議で出た意見をすべて書き出してみよう！

判断力 ④ 捨てることをおそれない

●間違った判断を下さない「環境」のつくり方

　物事を集中して考えるには、環境づくりも大切だ。

　とくにビジネスパーソンにとって"自分の城"ともいえる机の上は、常に整理整頓しておきたい場所だ。目の前が散らかっていては、余計なことに注意がそらされてしまい、頭の中も整理がつかなくなる。

　ところが、机の上の整理整頓というのは、じつは意外と難しい。書類や筆記具などをどこに置けばいいか迷うものだし、パソコンが大きな面積を占めていることもあるのでますます乱雑になりがちだ。

　そこで心がけたいのが、「捨てる」という整理方法である。

　なかなかモノが捨てられない人の多くは「いつかは使うかもしれない」と考える。しかし、よくよく振り返ってみれば、そうやって大切にとっておいたものを実際に使ったことがいままで何回あるだろうか。

　そう考えれば、**「使う可能性が低い」ものは優先的に思い切って捨ててしまう**に限る。書類や資料の整理に時間をかけるよりも、いっそのこと**キッパリと捨てたほうがよほど効率的に整理整頓できる**。

　こうすれば、余計なものが目に入らなくなることで集中力も高められる。脳の働きも活性化して、自分が持っている能力を100％発揮できるはずである。

机の上の書類を「使う可能性」別に分ける

判断力ドリル

 1円玉の直径は何センチでしょう。次の3つの円から選んでください。

質問①の答え

いちばん左側の円です。
1円玉の直径は2.0cmです。人は価値が低いと感じているものほど、小さく見えてしまうようです。ちなみに5円玉の直径は2.2cm、10円玉は2.35cmで、50円玉は2.1cm、100円玉は2.26cm、500円玉は2.65cmです。

問題解決力 ❶
「数字」データを活用する

●問題解決力を上げる「数字」の読み方

　会議の冒頭に、詳細な数字が記された資料が配られた──。今日のテーマに関わる資料だ。さて、あなたはそれらの数字をどのように読むだろうか。

　数字ばかりが並んでいると、どうしてもそれぞれの数字に目を奪われがちだ。しかし、じつは個々の数字にはあまり意味がないことが多い。

　それよりも重要なのは、**数字の変化を見る**ことである。それを実行することで、まずは**資料の"全体像"を把握**することができるのだ。

　たとえば、ある月の売上げデータが配られたとしよう。ここでそれぞれの数字だけを見ながら、「この日は悪天候だったので、客の出足が悪かった」「あの芸能人がこの服を褒めたから、この日は客足が伸びた」といった判断をすることもできる。

　しかし、それだけで終わってしまえば、その月の売上げの傾向など大きな流れを見過ごすことになる。

　そこで大切なのは、毎日の**売上げの推移を見るのではなく、合計額を見る**のだ。そして、それを**前年の同じ月や前の月と比べて増減をチェック**するのだ。

　それこそが問題発見のコツであり、問題解決への第一歩だ。重要なのは、あくまでも全体像なのである。

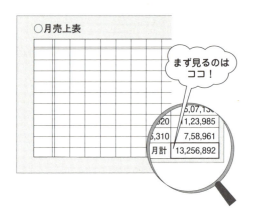

問題解決力 ❷

「批判」を利用する

考える力

●一段上の答えが見つかる「批判」の使い方

だれでも批判されるのはいやだ。つい反論するか、何も言えないまま自信を失ってしまうか、いずれにしてもいい気持ちはしないものだ。

そこで、**批判は視野を広げるための"ツール"**としてとらえたい。

たとえば、新製品のプレゼンの席で「価格が高い」と批判されたとする。もちろん、価格は徹底的に検討したし、それはギリギリの採算ラインだということは自分が一番よく知っている。だからこそ、反証をあげて自分の考えが正しいと主張したくなる。

しかし、ここで「視野を広げるためのツール」として批判をとらえてみるのだ。そして、「なぜそう思うのか」を逆に問いかける。

すると、少子化で今後購買層が変化していくことや、ライバル企業が類似商品の開発に乗り出していることなど、自分が考えもつかなかったことや知らなかったことを教えてくれるかもしれない。

自分の発想にまったく新しい角度から"光"が当てられるのだ。

そこで、その意見を素直に取り入れて、あらためて企画全体を見直してみる。すると、今までにない新しい発想がプラスされるはずだ。

このように、さまざまな視点の情報を取り入れることでより自分の考えを完璧にしていくことを「オズボーンの発想法則」という。アメリカでは成功の法則のひとつとしてよく知られている。

問題解決力 ③

問題点を明確にする

●解決策がサクッと浮かぶ「思考細分化法」

仕事が思うように進まず、いまやっていることが正しいかどうか迷ったときは、それまで自分がやってきた仕事の内容を振り返ってみるといい。

そして、**それまでの仕事の「何がよかったか」と「何が悪かったか」を細かく抜き出して細分化する**のだ。これを「思考細分化法」という。

たとえば、順調に進んでいたはずの商談を取引先が急にキャンセルしてきたとしよう。

全体を見渡してみても、まったくその理由がわからない。これでは、いくら商談を進めたくても具体的な対応のしようがない…。

そこで、商談の内容を細分化してみるのだ。

すると、どこかで相手に不利益をもたらしてはいないか、輸送費や包装の費用など思いがけないところで予算が膨らんでいないか、相手の利益を損なうようなマイナス要因を匂わせたのではないかなど、疑問点がいろいろと見えてくる。それが「細分化」のメリットだ。

こういう見方をすることで**問題点が明確になる**ため、キャンセルの理由がはっきりする。対応策も練りやすいというわけだ。

仕事を遂行するうえで重要なのは、問題を出さないことではない。問題を発見して、それを解決するということなのである。

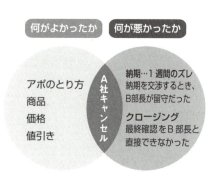

●「4つの工程」で問題を効率的に解決する

何か問題が生じた場合、最も効率よく解決に導くためには、4つの基本的な工程に沿って対策を立てるといい。

①"小分け"して「数」を出す

まず、問題を"小分け"にして、最も効率のいい改善策を見つける。そのためには、3つの「なぜ？」を繰り返すといい。

最初に、「なぜ○○なのか」に対する理由を3つ考え、さらに、その3つの理由それぞれに新たな「3つのなぜ」を加えていくのだ。すると、その問題のウィークポイントが見えてくる。

②工程表を作成する

問題を解決するための具体的な方策を探り、解決に向けて工程表を作成していく。そのためには、情報をただ集めるだけでなく、それらを詳細に分析し、かつ綿密に把握することが不可欠だ。

③解決に取り組む

リサーチした結果や、分析データなどをチェックしながら解決に着手する。そこで注意したいのが、「本質的に何が問題なのか」を考えて正しく把握することだ。そこさえ的確につかんでおけば、間違った方向に進んでも修正がきく。

④解決策を実行する

結果を出そうとして同じやり方を続けてしまうことは避けたい。見込みのないプランは、思い切ってプランそのものを見直す。そして、ひとつのやり方だけにこだわらず、「ダメならこっちで」というように臨機応変に対応することが重要だ。

問題解決力 ❹ 新たな視点を持つ

●考えに行き詰まったときに有用な「逆転発想法」

どうしても解決法が見つからない難問にぶつかることがある。そんなときは、そのまま正攻法で攻めるのもいいが、思い切ってそれをやめて、まったく逆転の発想をしてみるのもひとつの手である。

事実関係を"逆さま"にすることでそれまでの先入観が消え、新しい視点で物事を見ることができるからだ。

ここにひとつの好例がある。

日本のある金型メーカーが、製造コストの安い低価格の輸入品の登場で大きな経営危機に立たされた。

ふつうなら工場の製造ラインを自動化するなどして、製造コストを少しでも抑えて対抗しようとするだろう。

ところが、このメーカーは逆転の発想をした。あえて製造コストのかかる手作業を増やしたのだ。

それにより、輸入品では真似のできない、優れた特長を持った高額商品を生み出すことに成功したのである。

つまり、価格で競争するのではなく、製品の付加価値を高めることでライバルに挑み、その結果勝利したのである。

このように、逆転の発想が生み出す「常識を超えた次の一手」が成長の大きな足がかりになることがあるのだ。

世の中に追随するだけで生き残れるか？

むしろ、その裏を狙ったほうが独自性をアピールできることもある！

問題解決力ドリル

質問① 客からクレームの電話があり、「責任者を出せ」の一点張りです。さて、どんな対処方法が適切ですか？

質問② 「納品した商品に破損があった」との連絡が先方からありました。まず、はじめにいうべき"ひと言"は？

質問①の答え
「長時間お待たせしますので、どのようなご用件かお話しいただけますか？」
担当者につなぐことができるよう、話機を替わります。間を置かないことで、さらに相手の怒りが倍増してしまうと相手を刺激して、さらに相手の怒りが倍増してしまうでしょう。

質問②の答え
「お怪我はなかったですか？」
真っ先に相手の身体を気遣うこと。相手の怒りが和らぎ、事態を穏便にしてから、破損の状態やお詫びの言葉を伝えます。

戦略的思考力 ❶
「思考のクセ」を取り除く

●次の一手を生み出す「完璧を目指さない」姿勢

　ビジネスシーンでも「完璧主義」を目指す人は少なくない。「やる以上は100パーセントを目指す」と決心して物事に向き合う姿勢にはただ感服するばかりである。

　一見、やる気満々の素晴らしい人物にも思えるが、じつはこの「完璧を目指す思考」には落とし穴があるのだ。

　完璧主義者は、100パーセント実現しそうにないとわかった瞬間、目標を喪失してしまい、「これ以上やってもしかたない」と、やる気を失ってしまうのである。それこそまさに、完璧主義の弱点だ。

　しかし、よくよく考えてみれば物事を100パーセント達成する人などそうそういない。たいていは、どこかに未完の部分や、やり残しがある。場合によっては、達成度50パーセント以下のこともある。だからといって、それでその人の評価が決まるわけでもない。

　大切なのは、**完璧を目指すことはやめて「ほどほどでもいい」という姿勢で物事と向き合うこと**だ。

　もしも途中で「70パーセントまでしか達成できない」とわかったら、その事実を冷静に受け止めたうえで、その70パーセントを実現するために最善を尽くす。その気持ちの切り替えが重要なのである。

　いわば、マイナス思考ではなく、**現実をプラス思考で受け止めて肯定的にとらえる**ということだ。

（まだ少し余裕があるぞ。よし、7割まで登ってみよう！）

100%
60%

（頂上まで登りたいけど、とりあえず6割くらいを目指すか…）

●「まず5分」の思考で嫌いな仕事が変わる

やりたくない仕事や、気乗りのしない仕事があると、つい後回しにしてしまう人は多い。ずっと気になり、「早くやらなければ」という思いが募って気分が重くなり、どんどんやる気が減退するものだ。

そこで冷静に考えてみたい。なかなか着手できない理由を突き詰めてみると、どこから手をつけていいのかわからないことが原因であることが多い。ようするに、「やり方」がわかってないのだ。

こんなときに有効なのは、まず、**とっかかりを見つけるために「とにかく5分だけやってみる」**のだ。

とにかく机の前に座り、とにかく仕事の資料を広げてみる。そして5分という時間を決めてとりあえず着手してみる。

あらかじめ「5分だけ」と決めておけば、どうにかして意識をそこに集中することもできるのだ。

たとえば、その仕事に関するキーワードをインターネットで検索するだけでもいい。それだけでも、**新たな視点が発見できて気持ちの切り替えになる**ものだ。さらには、嫌な仕事だと思っていたのに意外な**面白さを発見できる**こともある。

じつは、食わず嫌いなだけだったと気づくこともある。そうなれば、しめたものだ。

もし、それでもダメなら、しばらく時間を置いてまた新たな「5分間」に再チャレンジすればいい。

戦略的思考力❷
「思考のクセ」を変える

●「意味」と「価値」を180度変えてしまう方法

　たとえば、ある工場で100人の従業員がストライキを起こしたというニュースがあるとしよう。この100人という数をどう受け止めるだろうか。多いと思う人もいれば、そうでもないと感じる人もいるかもしれない。

　では、この工場の従業員が120人だとしたらどうだろう。120人になるともう少し大きな事件になるかもしれないし、逆に関心を向けない人もいるかもしれない。ただ、これが従業員数2万人の大工場だとしたら、どうだろうか。おそらく、とらえ方はまちまちだろう。

　同じ事実であっても、その視点や表現のしかたによって人の感覚や思考は大きく変わってくる。

　何に基準を置くかによって受け止め方が大きく変化することを知っていれば、ビジネスでもそれを意識した戦略的思考ができるはずだ。

　ちなみに、大型量販店で「半額セール」をやるとしよう。「毎月恒例の半額セール」にするか、「年に1度の半額セール」にするかで、受け止め方は大きく変わってくる。

　「毎月恒例」よりも「年に1度」のほうが"ありがたみ"という点では大きいし、注目度は上がるはずだ。

　どこにポイントを置くかによって、アイデアは斬新なものにもなるし凡庸にもなる。どのような発信のしかたをするかによって、受け手にとっての「意味」と「価値」はまるで変わってしまうのだ。

　斬新なアイデアを生み出したいときは、受け手の視点を少し変えてみるのもひとつの有効な手段だ。

●思考のクセを変える「しぐさ」の法則

どんなことでも、前向きに、積極的に考えて行動すると結果的にはうまくいくものだ。

たとえば、商品を売り込むときに「必ず売れる！」と考えれば、言葉や態度、さらには表情にも自信が生まれ説得力が身につく。相手もそれを受け止めるので売りやすくなるだろう。

ところが、反対に「本当に買ってくれるのだろうか、売れそうにないなあ」とネガティブ思考になると、言葉も態度も弱気になり、売れるはずのものも売れなくなってしまう。

ところで、心の中で「前向きに考えよう」と思っていても、なかなかそうはならないことがある。

人の心には「積極型部分」と「消極型部分」の２つがあり、どちらが強く出るかは日頃の言動によって一種の「クセ」になっているのだ。

だから、もしも積極型部分を強く出したいのなら、ふだんから背筋を伸ばして颯爽と歩き、自信を持ち、笑顔を絶やさないようにしたい。

それによって、何に対しても前向きな積極性が自然と身につくのだ。

自分が当てはまっていると思う項目をチェックしてみよう

A	B
人と話すときに口に手を当てる	歩幅が大きい
知り合いとすれちがうとき、目礼だけをする	話すときは、相手の目を見て話す
猫背だと言われる	背すじを伸ばすことを意識している
話し相手の目を見るのが苦手	大きな声であいさつをする
最近あまり笑っていない	最近、感動したことがある
チェックした数 □個	チェックした数 □個

※Aの項目でチェックした数が多かった人は要注意。「積極型部分」を意識的に出すように心掛けよう。Bの項目でチェックした数が多かった人は積極的な人です。このまま自信を持って行動してください。

考える力

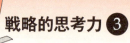

戦略的思考力 ❸
「説得力」を上げる

●説得力が増す「数字」の使い方

ビジネスでは、常に大きな数字に慣れておく必要がある。

たとえば、「5150円の商品が8054個売れたときの売上げ」と言われたとき、およそいくらくらいになるか、すぐに出てくるだろうか。

もちろん正確な数字は出ないにしても、それが何千万単位の話なのか、あるいはそれ以上なのかくらいはすぐに見当をつけたい。

このように、**「大きな数字が感覚的に把握できて、それに慣れている」ということは、言い換えれば、その人は「それだけ大きな規模のビジネスについて話ができる」ということでもある。**

それだけ発言には説得力があるし、ビジネスチャンスも増えるといっていい。

「あくまでも仮定」で利益について話す場合でも、**大きな数字を使ったほうがその人自身が大きく見える。**小さな数字でしか話せない人は、人間も小さく見えてしまうことがあるのと同じだ。

けっして大風呂敷を広げろとは言わないが、大きな数字を使って話せば、それだけ大きなビジョンを描くことができるし、**相手に与える安心感や満足度、信頼度も違ってくる。**

そのためには、ふだんから大きな数字でトレーニングをしておくといい。

正確な答えを出す必要はない。あくまでも大きな数字に慣れることがポイントなのだ。

だいたい計算ドリル

★次にあげる計算のだいたいの答えを出してみよう。

3,980×10,000＝

2,580×5,000＝

3000万×40＝

1500万×9＝

3800万×0.15＝

1億−325万＝

5000万−520万＝

1億1000万−2億＝

800万÷30＝

1億7000万÷5＝

戦略的思考力 ❹
「リスク」を回避する

考える力

●ヒットを生むための「テストと実験」

　ヒット商品を生み出すのが難しい時代だといわれる。

　消費者の好みが細分化して多様化しているなか、意外なヒットが生まれる一方で、「絶対にこれは当たる」と確信を持って売り出されたものが結果的には惨敗だったということも珍しくない。

　いつの時代も、「先を読む力」と「予測する能力」が重要だ。しかも、そこには第三者が見て納得できる根拠が必要になる。勘だけに頼っていては成功どころか失敗するハメになる。

　そこで注目されるのが、「テスト」や「実験」である。

　商品のテスト販売や先行販売、あるいはアンテナショップやショールームに置くことで消費者のリアルな声や、ダイレクトな反応を知ることがますます重要になっている。

　手間と費用はかかるが、それが**大きな利益につながることもあれば、大きな損失を回避することもある**のだ。

　また、商品テストに自分の会社を選ぶケースも増えている。もちろん自社製品だからそれだけ厳しい意見もあるだろうが、それが売り込むうえでの強力なアピールポイントにもなるのだ。

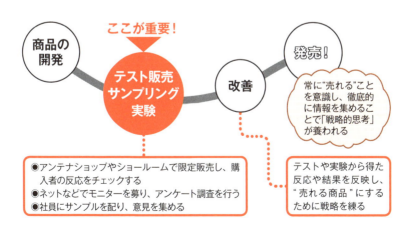

戦略的思考力❺

効率よく仕事を進める

●嫌いな仕事をサクサク進める「テーマ設定法」

どうしても仕事を楽しめないとか、前向きに取り組めないことがある。その根本的な理由のひとつは、テーマや目標設定がないからだ。

何をするにしても「何のためにそれをするのか」という目標がなければ真剣にはなれない。

その昔、ある国の刑務所で、囚人に穴を掘らせてはそれを埋めるという作業を何度も繰り返しさせたという。そこには何の目的もないし、これ以上の苦痛はない。人間を精神的に追いつめる恐ろしい刑罰だ。

仕事に対してもそれに似た苦痛を感じてはいないだろうか。もしも、**仕事を楽しめないと感じたら、あらためてその仕事の目標を考えてみる**ようにしたい。もしも目標が明確でなければ、自分で目標やテーマを設定するのだ。

本質的なテーマでなくてもいい。「少しでも早く仕上げる」でもいいし、「最小限の予算で終わらせる」でもいいのだ。

ともかく、達成したときに素直に喜びを感じるような、わかりやすいテーマにするのだ。

大切なことは、**「自分は何を頑張っているのか」ということをはっきりさせて、それを自覚する**ことである。

そうすれば、自分でも驚くほど仕事がサクサクと進むはずだ。

苦手な仕事 → やる気が涌かず手がつけられない

得意な仕事 → やる気が涌くのですぐに着手できる

苦手な仕事を片づけるためには

↓

テーマを設定する

- **DM発送作業** → 10分間トライアル：「用意スタート!」で10分間開封をする作業を行い、同僚と"速さと美しさ"を競う
- **単純なデータ入力** → 1週間入力マラソン：毎日、就業前の10分間にデータ入力を行い、金曜日に入力数の最高記録達成を狙う
- **大量のコピー取り** → 時短コピー：10ページ分をコピーするのに、何分間かかるかを計測し、時間短縮を目標とする

●所要時間の「予測能力」を養って時間を管理する

　だらだらと仕事が長引き、つい時間の無駄使いをしてしまう人の多くは、ひとつの仕事がどれくらいの時間で終わるかの予測ができないことが多い。予測ができないから余計な時間がかかるわけで、それはかなり効率が悪いということになる。

　そこで養ってほしいのは、ある**仕事を始めるとき、それがどれくらいの時間がかかるかを予測する能力**である。

「これは30分でできる」「どうみても1時間はかかりそうだ」と予測できるということは、その人は、その仕事の内容や手順をあらかじめ正確に把握できていることになる。だから**効率よく進められるし、予想したとおりに仕事を完結することができる**のだ。

　たとえば「この仕事は、この資料を調べて、ここをまとめてグラフ化して、あとは書類にまとめればいい」というように仕事の段取りや手順がわかっているから、「これなら30分だな」とわかるのだ。

　逆に、それを把握できていない人は、何から手をつけて、どんな手順を踏めばいいかの見当がつかない。だから時間の無駄使いをするのである。

　まずは仕事内容を正しく理解して、その手順を把握できれば気持ちよく仕事に向き合える。また、「目標タイム」があるからこそ、無理なく効率的に仕事を進めることができるのだ。

　目の前の仕事にどれくらいの時間がかかるか、ふだんから「予測能力」を身につける習慣をつけておきたい。

所要時間を「予測」するタイムスケジュール

（開始）→ 下調べ → 「企画書作成」（補てん資料をリサーチ）→ （ブレイクタイム）上司→チェック → 修正 →（推敲）→ 完成！

90分

戦略的思考力 ⑥ 仕事の「生産性」を高める

●単純作業を確実にこなす「タイマー時短術」

DMの宛て名づくりや、大量のコピーを取るといった単純作業を長時間やると、集中力が低下して効率が落ちたり、ミスにつながることがある。

こういった長時間の単純労働に活用したいのがタイマーだ。

たとえば、制限時間を30分と決めて、タイマーで30分間セットしてから作業を始める。するとタイマーが鳴るまでに終わらせようとして集中力が高まる。どうしたらもっと効率よく作業できるかを考えるので、頭もよく働く。そして、時間どおりに仕事を終えることができたら、大きな喜びを味わうことができるのだ。

さらに、これを続けて集中力を高める訓練を続けていくと、タイマーがなくても速い時間で作業ができるようになる。効果が上がるのが目に見えてくれば、モチベーションもいっそう高まってくるだろう。

そう考えると、タイマーは単に時間を計るための道具ではなく、仕事をするうえでの力強いツールのひとつになる。

残り時間を音声で知らせる「カウントダウン時計」も試す価値がある。「残り時間はあと10分…」などとアナウンスが聞こえると、ますますやる気が出るだろう。

ちなみに、厚生労働省がまとめたディスプレイやキーボードを使った人向けの「VDTガイドライン」によると、パソコンの利用は1時間やったら約10分休憩を入れるのが理想だとされている。

それ以上やると心身への悪影響が出るので、タイマーなどを利用して休憩をとるといいだろう。

単純作業はタイムトライアルで効率アップ
- コピー取り
- 領収書の作成
- 単純な入力作業
- 封書の作成

など

戦略的思考力ドリル

今から10年間で1000万円貯蓄することを目指すとします。あなたなりの方法を考えてください。

質問①の答え

一例の考え方です。コツコツと蓄積するという方法があります。「月額定期預金」などで毎月6〜7万、ボーナス時にプラスαを年間100万円貯められます。この、であれば最初の100万円が貯まれば、あとは運用化しています。1000万円だけでうまく運用すれば、およそ、ほぼ10年には10倍になります。このように、10年後など、その目標に向けてどうやって蓄積をするかと、将来のあなたを助けるのです。

69

学ぶ力

勉強は、計画と集中力がモノをいう。それに、「学ぶ」という強い意志が加われば百人力だ。学ぶ能力がみるみる高まるテクニックとは？

きおくりょく
記憶力

DATE

勉強の基本は、何といっても暗記だ。暗記なくしては読解力も育たない。専門用語や基本的な知識を頭の中に入れなければ学ぶ力は育たない。とはいえ、人間は、ただ覚えることを繰り返すだけではすぐに忘れてしまう。記憶する力をつけるために大切なのは、記憶のメカニズムを知ることである。

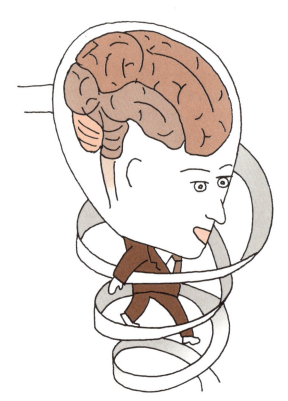

疑問力
ぎもんりょく
― DATE ―

「あれ？」「なぜ？」「おかしくない」――。疑問を持つのはいいことである。しかし、何にでも疑問を抱くのは考えものだ。必要なのは整合性に敏感になることではなく、目のつけどころを変えた、マトを得た"質問力"を身につけることである。

集中力
しゅうちゅうりょく
― DATE ―

人間はもともと集中力を保つことが得意ではない。しかし、その苦手な集中力を高める方法がある。短時間の集中を繰り返したり、勉強をする環境を変えたりすることで能率をグンと上げることができるのだ。しかも、それは自分でコントロールが可能なのである。

記憶力 ❶ 脳を活性化させる

●前頭葉を活発にさせる「基本三原則」

　頭の中にインプットされたさまざまな情報を素早く検索し、再構成してアウトプットするには、人の脳で最も発達した部位といわれる「前頭葉」の働きが欠かせない。そこで、この前頭葉を効果的に働かせるために心がけたい「3つの基本原則」を覚えておこう。

　まずひとつ目は、「読み・書き・計算を行う」こと。読み・書きをするときは実際に声を出し、また計算は複雑なものより単純なものをするといい。

　次いで、「人とコミュニケーションをとる」ことだ。とくに一度に複数の人とコミュニケーションをとると前頭葉は活発に働くうえ、家族や友人など身近な人と話をすれば脳はよりリラックスできる。

　そして最後に、「手指を動かす」こと。料理でも楽器の演奏でも、絵を描くことでもいい。実際に自分の手や指を動かしてアウトプットを行うのだ。

　脳は情報の要点だけを断片的に記憶するため、前頭葉の機能が衰えてくると、それらをまとめることができなくなる。複数の情報から構成された記憶ほど、アウトプットをするのは難しくなるのである。

　記憶力を高めたい人は、さっそく前頭葉の動きを意識した時間を過ごしてみてはいかがだろうか。

脳の働きをよくする動作とは？
立つ／声を出す／ときどき歩く／座り続けていると脳の働きが鈍る

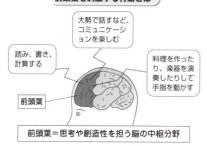

前頭葉を刺激する行動とは
読み、書き、計算する／大勢で話すなど、コミュニケーションを楽しむ／料理を作ったり、楽器を演奏したりして手指を動かす／前頭葉

前頭葉＝思考や創造性を担う脳の中枢分野

●記憶力が向上する〇〇の力

「笑い」には、記憶力を高める効果があるといわれている。

脳内で記憶や学習をつかさどるのは「海馬」と呼ばれる部分だが、この海馬における情報の処理や伝達に必要なニューロン（神経細胞）の働きは、ストレスなどによって脳が緊張することで妨げられるといわれている。

それを防ぐためには「笑い」で脳をリラックスさせて、ニューロンの働きを活発に保てばいい。

さらに、人の体には使っていない機能はどんどん衰えていってしまう「廃用性機能低下」という特性がある。

これは脳にもいえることで、学生の頃に比べて記憶力が落ちたと感じるのは年齢による機能の低下だけではなく、脳を使う機会自体が減ったことも一因だと考えられる。笑うことによって脳に刺激を与えて、脳内の神経伝達物質を働かせる作用もあるのだ。

人体のブラックボックスといわれる脳だが、笑いは脳にさまざまな効果を与えているというから不思議なものである。

また、笑いは人とのコミュニケーションにも欠かせないものだ。脳の機能低下とともに"低下"してしまわないように、笑いのセンスも日頃から磨いておこう。

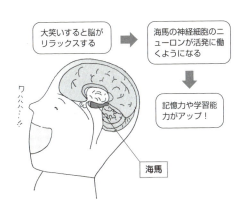

記憶力❷
難解な内容を理解する

●難解な内容を頭に入れる「3段階スパイラル法」

忙しいビジネスパーソンが、毎日の生活の中でビジネス書や専門書をたくさん読むのは至難の業だ。

そこで、難解な内容でもすんなりと頭に入れることができる読書法である「3段階スパイラル方式」を紹介しよう。

この方法はスパイラル、つまり、らせん階段を駆け上がるように1冊の本に対して少しずつ視点を変えながら3段階のアプローチを行うことで、ふだんの読書よりもその内容を深く理解できる。

まず、**1回目は最初から最後まで通して読み、重要と思われる部分に傍線を引きながら全体像を把握**する。

それが終わったら**2回目に傍線を引いた部分だけを読み返し、3回目はその部分を暗記しながら読む**のである。

この方法で本を読むときのコツは、全体に目を通すのは1回目だけにとどめること。そして、3回目は2回目よりもさらにスピードアップして読むことを意識するようにする。

時間をかけて何度も読み返すよりも、**短時間のうちに必要な部分だけを何度も反復して頭に入れることができ、記憶にとどまりやすくなる**のである。

「3段階スパイラル方式」での読書法

- ゴール
- 3回目 → 傍線を引いたところを暗記しながら読む
- 2回目 → 傍線部分だけをスピードアップして読む
- 1回目 → ざっと全体を読んで重要部分に傍線を引く
- スタート

●複雑な文章をわかりやすくする○⇔記述法

　複雑な文章は図式化するとわかりやすくなる。なかでも簡単で、理解しやすいのが「○⇔記述法」だ。

　これは、注目したい要点を丸（○）で囲み、それを矢印（⇔）で結んで関連づけてしまうという方法である。大半の情報はこれだけで図式化できる。

　たとえば、よく教科書に載っている「三権分立」を図で表してみよう。「行政」「立法」「司法」をそれぞれ丸で囲み、それら３つが対等な位置になるようにトライアングル状に配置してから、お互いを「⇔」で結んでみる。これによって、互いが独立しながらそれぞれ支え合っている"三すくみ"の関係にあることがわかる。

　また、水が蒸発して雲となり、再び雨となって地表に降り注ぐといった「自然の循環」を図にするなら、まず「水」「雲」「雨」と書き、それぞれを丸で囲む。

　そして、それをサークル状に並べてそれぞれの間に時計回りになるように矢印を書き込むのである。こうすれば、循環していることがひと目でわかるというわけだ。

　この方法のメリットは、**複雑な作業をせずに簡単に図をつくれる**ことにある。**文章で書き残すよりもはるかに早くてわかりやすく、短時間にまとめられる**のだ。

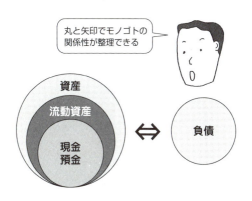

丸と矢印でモノゴトの関係性が整理できる

記憶力 ❸ 思い出すスピードを上げる

●思い出せない…がなくなる「受け売り」のすすめ

　得意げに話したことを、「それってこの前テレビで言ってたよね⁉」などと指摘されると何とも気まずいものだが、そんな"受け売り"が得意な人に耳よりな話がある。

　じつは、**脳に情報をとどめておくにはむしろ受け売りを積極的にしたほうがいい**のである。

　テレビや新聞、会話の中で見たり聞いたりして自分が面白いと思った話は、家族や友人、職場の同僚などに**どんどん話をすれば、しっかりと記憶に残すことができる**のだ。

　そもそも情報は正確に記憶したり、話の全体像を理解していなければ人にきちんと説明できない。

　面白いと思った話を人に話そうとすると、自分の理解度や疑問点を意識することになる。その部分を自分の中で反芻して考えるうちに、より理解を深めることができるのだ。

　さらに、人に話すと再度、耳から情報を得ることになり、自分の脳にもより深く記憶されるのである。

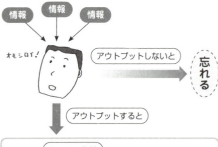

●「脳内ボックス」から
　スムーズに記憶を抜き出す法

　脳の中に入った多くの情報は、カテゴリー分けされて整然と整理されているわけではない。それぞれの情報はつながってはいるものの、脳のあちこちで部分的に記憶されているのだ。

　記憶された情報を引き出す時は、それぞれの箇所から必要なものを探してピックアップする必要がある。

　その作業をスムーズに行うためには、まず情報を記憶するときのちょっとしたコツがあるのだ。

　脳の中をパソコンの画面に置き換えて考えてみよう。

　大量のファイルはフォルダに収納され、「○○社、打合せ資料」などと名前がついている。この方法に習って、**記憶するときに具体的なキーワードをつけて覚えておく**のだ。

　たとえば、会社の会議や知人の結婚式などで、人の前でメモを見ずに話すことになったとしよう。

　ある程度の長さがある原稿を一言一句すべて覚えようとすると、情報を引き出すときにうまくいかず、頭が真っ白になってしまうことにもなりかねない。

　そこで、「出会い」「学校」「ケンカ」など、エピソードごとに**具体的なキーワードをひとつずつ記憶すれば、そのひと言を足がかりに記憶された情報を次々と思い出すことができる**のである。

「脳内ボックス」からスムーズに記憶を抜き出す方法

脳内ボックス　涙　大拍手　まぶしい太陽　気持ちの持ち方

- まぶしい太陽 → 芝生の色 → 1本のパス → 決勝のスタジアム → サッカー部の部屋 → 高校の入学式 → 友人の結婚式のスピーチ
- 気持ちの持ち方 → 声の出し方 → お辞儀の仕方 → マナー・接遇 → 講師 → 場所 → 日時 → 参加したセミナーの報告

キーワードを数珠つなぎにして思い出す

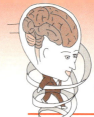

記憶力 ❹
倍量を覚える

●情報不足を補う他人の頭の使い方

　人の脳は情報を単純に**インプットしただけだとあっという間に忘れてしまう**が、これを**一度アウトプットすると、そこに"反復効果"が生まれるため、記憶として定着しやすくなる。**

　たとえば、新しい取引先ができたときに、担当者の名前や所属部署についてただ名刺を見て覚えるだけではなく、報告を兼ねて上司や同僚に「新しい取引先の担当者は○○課の○○氏です」と口頭で伝えると、いっそう記憶に残りやすくなる。

　このように、一度覚えたことは第三者に話してみるといい。これは勉強でも同じことで、１人で復習するよりも誰かに教えたり伝えることで効果がグンと上がるのである。

　わかりやすく正確に伝えようとすると、学習したことが頭の中で整理される。このとき、話に曖昧な部分があればおのずとそこが勉強不足であることがわかるのだ。

　また、質問されてすぐに答えられなければ、まだまだ理解が足りなかったり、見落としていた点があることがわかるし、「こんな見方もあるよ」といったアドバイスを得ることができれば、さらに理解も深まるだろう。

　ときにはさまざまな人とコミュニケーションをとることによって"他人の力を借りる"術も身につけたいものだ。

●必要なことを一瞬で思い出せる「エピソード記憶」

記憶には「意味記憶」と「エピソード記憶」の２つがある。

まず、意味記憶とは読んで暗記するような能力のことだ。これは若い脳ほど力を発揮し、丸ごと単純に覚えることができる。

たとえば、学生などは英単語や年表を何度か読むだけで苦もなく覚えてしまったりする。ただし、この方法の唯一の難点は時間とともに忘れやすいということだ。

これに対してエピソード記憶は、それにまつわる情報を"キーワード"のように一緒に覚えてしまうことによってインプットする方法だ。

意味記憶のように瞬時に思い出すことはできないが、"キーワード"をたどれば、**いもづる式に記憶を引き出す**ことができ、**歳を重ねて過去の経験が豊かになるにつれよりやりやすくなる。**

たとえば、「コンプライアンス」という言葉を記憶するときには、「食品偽装問題などで企業のコンプライアンスが問われる時代だ」といったニュースのトピックスとともに覚えるようにする。

すると、コンプライアンスの意味が出てこなくても、「食品偽装問題」から記憶を手繰り寄せることができる。

エピソード記憶で覚えておくと、記憶をいつでも頭の中から引き出せて便利なのである。

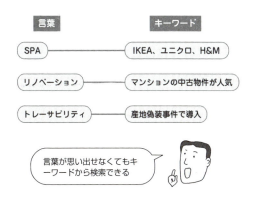

記憶力❺
記憶を**定着**させる

●「一人対話学習」なら情報を確実に脳に刷り込むことができる

　どこの会社にも、次々と斬新なアイデアを披露して周囲を驚かす社員が1人や2人いるものだが、彼らはけっして手品のように瞬間的な思いつきでアイデアを出しているのではない。

　彼らは頭の中に蓄積している豊富な情報を、そのときの目的や予算などの条件と照らし合わせて引っ張り出しているのである。

　つまり、持ち合わせている情報の"引き出し"がほかの人と比べて圧倒的に多いのだ。そんな人に少しでも近づくべく、効果的に情報の蓄積量を増やす方法を考えてみよう。

　まず、脳の情報量を増やすということは、いかにさまざまな情報を整理して記憶できるかにかかっている。

　そこで、思いついたことや新しく学んだことは頭で考えるだけではなく、**手で書いて文字にする**クセをつけたい。

　実際に書いて、それを**眺めることで情報は二重にも三重にも記憶される**。もし忘れても、**もとになる情報を手元においておける**メリットもある。こうして、たとえ短時間とはいえ自分と「対話」をしながら情報を蓄えていけば、その場のニーズに合わせたアイデアを生み出せるようになるのだ。

思いついたことや新しく学んだことを書いてみよう

書いているとき、脳は新しい情報と古い情報を結びつけようとして働く。書いたらもう一度読んで"対話"をしよう

記憶力ドリル

質問①　今年から数えて一昨年の来年のさらにその再来年は辰年だった。それでは今年の干支は何になるだろうか？

質問②　あなたの財布にも入っているはずの、野口英世が描かれた1000円札。ふだんよく使うこのお札のことを思い出してほしい。さて、この裏に描かれている、日本人なら誰もが知っているあるものといえば何？

質問①の答え…卯年
　縦に書いてみればわかるはずだ。ちなみに、十二支は「子・丑・寅・卯・辰・巳・午・未・申・酉・戌・亥」の順である。

質問②の答え…富士山
　1000円札の裏には、富士山とその手前の湖に映った姿を置き、さらに左奥の花が桜が描かれている。ここまで細かく覚えている人は稀だ。身近な1000円札だが、意外と絵柄まで把握しているひとは少ないものである。

疑問力 ❶ 斬新なアイデアを生む

● 斬新なアイデアは「当たり前」を疑うことから

　ビジネスでは、多くの競争相手が乱立している市場に後発組として飛び込むよりも、誰も目をつけていない領域でパイオニアとしてビジネスを始めるほうが成功する確率が高い。

　とはいえ、パイオニアになるのは容易なことではない。

　必要なことはまず、これまでの常識に対して「なぜだろう？」とか、「不思議だな？」などと疑問をぶつけられることだ。

　その証拠に、「ニッチ」や「ベンチャー」と呼ばれるビジネスは、ふだんの暮らしのちょっとした不便や不都合など思いもよらぬところに目をつけたことで成功を収めているケースが少なくない。

　たとえば、家庭で不要になったモノを気軽に売り買いできるフリーマーケットをWeb上で行えるフリマアプリや、女性向けのアクセサリーのレンタルサービスなど、ニーズを絞って成功を収めているビジネスは多い。

　それまでの常識にのっとって、「そんなこと当たり前だ」「常識的に考えておかしい」などと頭から決めつけてしまっては、いつまでたっても斬新なアイデアは浮かばないだろう。

　それよりも、幅広い考えに触れて疑問を持つクセをつけておけば、思わぬビックチャンスに出会えるのだ。

「当たり前」のことをいろいろな角度から見てみると…

- ビニール傘は安いほど売れる…
- 使い捨てじゃない高品質でおしゃれなビニール傘ってうけるかも
- コンビニの店員といえばアルバイトだが…
- コンビニにカリスマ店員がいると面白いかも！

●常識の壁を破る「スキーマ発想法」

　スキーマとは心理学用語のひとつで、「常識」や「先入観」のことである。いままでにない新しいアイデアを思いつくためには、まず自分の考えから「スキーマ」を見つけ、それに縛られないようにするのが鉄則だ。

　たとえば、商品が低価格化しているマーケットに高額な新製品を投入すると言われたら、大半の人は「そんな価格で売れるわけがない」と否定的に考えるはずだ。これは頭の中に、「低価格で売るのが当たり前」というスキーマがあるからだ。

　先入観にとらわれずに考えてみると、価格に見合う品質を追求したり、販売ターゲットを絞り込んで他社の製品と差別化を図れば、高額商品でも利益を確保できる可能性があることに気づく。

　そこで、アイデアを考えるときにはまず何が自分のスキーマになっているかを考えてから、それとは正反対のことをいくつも挙げてみるといい。

　たとえば、"早い"のが常識なら"遅い"とどうなるのか、あるいは"短い"のが一般的なら"長く"したらどうなるのかを想像してみるのだ。

　「ビール＝アルコール」という概念を取っ払って生まれた「ノンアルコールビール」などは、まさにこのスキーマ発想法から生まれたヒット商品といえるだろう。

あえて正反対の発想をしてみると…
- ゆっくりと食べる高級牛丼
- 本格的な〝立ち食い〟寿司
- 景勝地を時速30kmで走るタクシー
- 大きなイヤホン型〝補聴器〟

疑問力 ❷ 真実に気づく

●自分と世間との「ズレ」に気づく方法

携帯電話やスマホでいつでもインターネットにアクセスできるようになってから、気軽に入手できる情報の量は年々増加している。その反面、情報の鮮度が保たれる期間は短くなってきている。

1カ月前はこうだったと自信を持って発言しても、じつはその内容は180度変わってしまったという状況もあり得るのだ。だから、自分の認識が現状とズレていないかどうか常に疑ってみる必要がある。

そこで、日々進化している最新の情報ツールを利用して、自分の持っている情報や知識を最新のものに更新しておこう。

たとえば、インターネットの検索サイトを利用するときにも、ただ漫然とキーワードを入力して出てきたサイトを調べるだけでは能がない。

そこで、ふだんからよく利用している検索サイトに**「新機能」というキーワードを打ち込んで検索**してみると、発表になったばかりのさまざまな分野の製品に関する新しい機能に関しての情報やプレスリリースが見つかるはずだ。

インターネット検索最大手のグーグルなら、自分の調べたいキーワードがどれくらいの頻度で検索されているかを分析できるサービスや、キーワードを設定しておくだけで関連記事を自動的に知らせてくれるアラート機能などを無料で利用できるのも覚えておきたい。

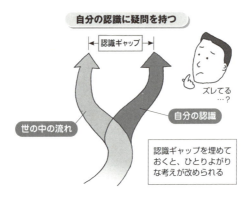

●ニュースの水面下にある、見えない「真実」をつかむ

たとえば、新聞に天気の長期予報が掲載されていたとする。

そこには、「3カ月予報発表、今年は冷夏」という見出しで、今年の夏は冷夏が予想され、例年ほど気温が高くならないという記事が書かれている。

その見出しをパッと見て「今年の夏はしのぎやすいらしいね」などと世間話のネタにする人は少なくないだろう。

しかし、せっかく忙しい時間を割いて新聞に目を通しているのに、それだけではじつにもったいない話だ。新聞は一面的な情報を提供してくれるだけでなく、読み方によってはより深い情報を得ることができるからだ。

そこで、冷夏について書かれた記事を見てみよう。

冷夏が原因で夏物商戦が不調になることを示唆していることがわかったら、今度は株式欄を見てみるのだ。気温と売上げが関係しそうな衣料品メーカーや飲料メーカーの株の動きをチェックしてみるのだ。

もちろん株式の動きは投資の話だけでなく、経済動向、ひいては自分の会社の業務や売上にも関係してくるはずだ。あるいは、もしかするとビジネスに結びつくかもしれない。

このように、新聞はひとつの記事をきっかけに、さらにその水面下にある情報を深読みすることができる優秀なツールなのである。

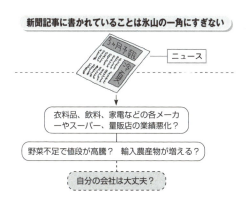

疑問力 ❸ 改善策を生む

●「ラクをするには？」が改善策を生む

　仕事をしているときの目標として「ラクをする」というと響きがよくないかもしれないが、この言葉を「効率を上げる」と置き換えてみると、途端に前向きになる。

　仕事をラクにする方法のひとつは、さまざまな不都合や疑問に対して改善策を見い出すことだ。

　たとえば、「効率が悪い…」と感じながらも長年決まり切ったルールのもとに行われている作業があるとしよう。

　一度そのルールをリセットしたいのはやまやまだが、新しいやり方を考えてそれを導入するのは手間がかかる。だから、わかってはいても同じ方法を続けてしまうのである。

　ところが、トータルで考えるとこれほど時間をロスしていることもない。４つの工程を４人で作業している場合などは、１人減らして３人でやってみる。もしくは、手間のかかる作業を外部に出してみるなど改善策を考えてみるのだ。

　ラクをしたいという人間の欲求は、さまざまな技術の進歩を生み出してきた。同じように、仕事でも家事でも「どうしたらもっとラクに、スムーズにできるのか」を、答えが見えてくるまでとことん考えることが大事なのである。

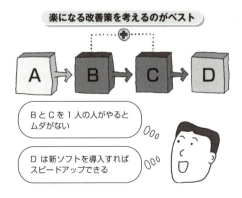

疑問力ドリル

質問①
F1レースで、日本人ドライバーが操る車がみごとなコーナリングで前を走る11位の車を抜き去った。さて、彼はこれで何位になった？

質問②
あるバーには双子のバーテンダーがいる。このどちらかに1回だけ質問をして、どちらが兄かをいい当てることができればその日の飲み代はタダになるという。ところがこの2人、兄のほうは必ず正しいことをいうが、弟はウソしかいわない。いったいどんな質問をすればいいだろうか。

質問①の答え…11位
前を走っていたのだから「11位の前に出る」とは、つまりその人の答えを答えとする。

質問②の答え
「あなたの隣の人はウソをつきますか？」と聞けばいい。もし2人が答える人＝兄ならウソつきの弟を指して「ウソをつく人＝ウソをつかない人」と答える。答える人＝弟なら本当のことをいう兄を指して、逆に答えるから「ウソをつく人」と答える。だから、答えとは反対の人物が兄になる。

集中力 ❶
集中を遮断させない

●集中力が増す時間帯

　出勤前の時間を有効に使って、勉強や習い事をするなどいわゆる"朝活"がブームになってから久しい。

　ところで、このように「朝」に時間をつくって何かをするということはおおいに理にかなっている。

　たとえば毎晩1時間、資格試験のための勉強をすると決めたとしよう。最初の数日は決めたとおりの時間に机に向かうことができても、そのうち急な残業や外出が入ったりして、決まった時間に帰れない日が出てくるかもしれない。

　自宅に帰ってからもついテレビをつけたり、ネットサーフィンを始めてしまい、時間はどんどん過ぎていく。これでは、勉強を始める時間が遅くなったり、やっと始めたところで内容がまったく頭に入らず、すぐに続かなくなってしまうだろう。

　朝ならば家を出るまで、あるいは会社が始まるまでとタイムリミットが決まっている。これならいやでも集中して取り組むことができるだろう。

　しかも、早起きして朝活をすませてスッキリと**目覚めた頭と体で職場に行けば、すぐに仕事にとりかかれる**という利点もある。

　さっそく、明日からいつもより30分早く起きて始めてみよう。わずか30分の時間でも作業の効率がいいことに気がつくはずだ。

毎朝「どこで」「何時まで」「何をする」か具体的に書き出そう

どこで	自宅や会社近くのカフェ、オフィスのデスクなど
何時まで	通勤時間や就業時間から逆算した時間（何時から何時までか）
何をする	読書や語学、資格の勉強など

●誰にもジャマされない時間確保の方法

どんな職種であろうと、ビジネスパーソンにとっては、仕事に役立つ本や雑誌を読むことも仕事のうちである。

限られた時間を有効に使うためにも、ビジネス関連の書籍や雑誌を1日1冊くらいのハイペースで読めるようになったらいいと願う人もいるはずだ。

じつは、現実的には難しいと思われがちな1日1冊という目標も、簡単な工夫で可能にすることができる。それは、読書の習慣を食事や入浴などといった暮らしの習慣とセットにしてしまうことだ。

誰でも1日の生活のサイクルはある程度決まっているが、朝食をとる間の30分間を読書タイムに設定してしまうのだ。

1時間も通勤電車に揺られているなら、そこも読書タイムに充てる。さらに帰宅して湯船に入っている時間も読書に充ててみるのだ。

つまり起床後、通勤電車、入浴といった生活習慣と読書をセットにして習慣化させるのである。

歯を磨いているときやトイレに入っているときなど、日常生活の中にはいくらでも細切れの時間が見つけられるはずだ。こうすれば、わざわざ時間をつくらなくても毎日読書をする時間を増やすことができる。

難しく考えなければ、読書を生活の一部に取り入れて習慣化することはそれほど難しいことではないのだ。

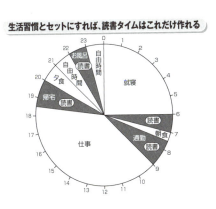

生活習慣とセットにすれば、読書タイムはこれだけ作れる

集中力 ❷ 優先順位をつける

●「捨てる」ことなく生産性は上がらない

「今日は企画書づくりにランチミーティング、午後から来客。そうだ、来週のアポイントも入れておかないと…」

抱えている仕事を目の前にして、途方に暮れてしまった経験はないだろうか。そんなときは、それらの**仕事をひとつずつ処理するために、いったんすべてのことを思い切って意識の外に捨てる**といい。

そのうえで、まずは最も期限が迫っている仕事は何かを確認して拾い上げ、それを仕上げることに全力を注ぐ。それが終わったら次、また次と**１つずつクリアしていけば、気がつくと仕事の山を越えている**はずだ。

ちなみに、集中するための環境はちょっとした工夫で整えることができる。自分の席で仕事をしているときに集中力を途切れさせてしまう要因の代表的なものは、時間を選ばずにかかってくる電話や、ほかの社員からの頼まれごとなどだ。

集中した状態がいったん中断してしまうと、元に戻って仕事を再開するまでにそれなりの時間がかかってしまう。

そういうときは、「ちょっと集中したいので、これから２時間は電話を取り次がないでほしい」と周囲の人に断っておくとか、空いている会議室や喫茶店で仕事をするなど、一時的に周囲との距離をつくるといい。

最優先すべき仕事以外はとりあえず〝捨てる〟

- いまはやらない
- 期限が迫っている仕事／これだけに集中する！
- 人に任せる

集中カドリル

質問①

話題のビジネス書を手に入れた。この週末に一気に読んでしまいたいのだが、集中して読書をしたいときに最適な環境は次のうちどれ？

A 静かなクラシック音楽を流した部屋で読む
B FMラジオをつけた部屋で読む
C まったく音のしない部屋で読む

質問②

問題①のビジネス書を読んでいたが、だんだん集中して読むことができなくなってきた。そんなときにいい方法は？

質問①の答え…A
人それぞれかもしれないが、無音状態では違和感が気になって集中できないと多い。選曲や歌声の入っていないクラシックや民謡がBGMとして最適。

質問②の答え…立って読む
座っていると楽だが、立っているときは体がだらんとなることがなく、集中力を維持することができる。また、立っている時間を決めて読むことに集中することで、適度な緊張感が生まれ集中力が向上する。

読む力

SNSをはじめ、世の中には情報があふれかえっている。どの情報をどう読めばいいのか。読む力を身につければ、生きた情報が素早く手に入る！

読解力（どっかいりょく）

DATE

読解力が必要なことは勉強に限ったことではない。大人でも読む力がないと、社会や経済にどんな動きがあるのかわからない。社会生活を送るうえで不可欠な力を鍛えるには、情報に流されず、ひとつの文章を客観的に読み解く力をつけることが必須なのである。

速読力（そくどくりょく）

DATE

本や雑誌、新聞、ネット…など、毎日読むべきものは多い。特にビジネスパーソンは、より速く、より多くの情報や知識を吸収することが求められる。じつは、速読術は能力に関係なく、技術さえ身につければ誰でも簡単に身につけることができる。

情報収集力
じょうほうしゅうしゅうりょく

DATE

勉強や仕事を始めるときにはまず、洗練された情報を集めることが重要だ。情報の優劣によって成果が変わることもある。現代において、アップデートし続けたい力である。

情報整理力
じょうほうせいりりょく

DATE

一度インプットした貴重な情報は、きちんと整理しないと宝の持ち腐れになってしまう。それは、やがてアウトプットにつながるからこそ、ムダなく、効率よく整理整頓したい。

裏読み力
うらよみりょく

DATE

文字情報には字数制限がつきものだ。しかし、その裏に書かれていない"裏ネタ"を読み解けば、価値は2倍にも3倍にもなる。コツさえつかめば、裏読み力は倍増させることができる。

読解力 ❶ 「真意」をつかむ

●真意を外さない「文章パターン」の見抜き方

　文章を読むのが苦手だという人におすすめしたいのが、**文章パターンを分析しながら読む方法**だ。

　講演会などで話をするときは、「起承転結」でまとめるより、印象的な言葉やエピソードなどの"つかみ"から始めたほうが聴衆の関心を引きつけられる。文章もそれと同じで、「起」から始まって「結」で終わるとは限らない。

　そこで、文章を読む前には、**まず、どの部分に最も重要な「結論」が書かれているかを探してみてほしい。**

　たとえば、新聞の記事は起承転結がまったく逆になっている場合が多いのをご存じだろうか。まず最も重要な「結論」が最初にきて、次に情報の重要度が2番目のもの、3番目のものと移っていく。

　また、雑誌の記事などは読者が話題に入っていきやすいように「具体例」から始まって、すぐに「結論」がくる場合も少なくない。

　つまり、筆者が最も力を入れていいたい「結論」の部分がどこに書かれているか、しっかり把握するといいのだ。

　そうすれば、結論の部分だけをざっと拾い読みするだけで、ある程度の内容をつかむことができるのである。

●短時間で重要部分がわかる「拾い読み」と「めくり読み」

　仕事で「読まなくてはならない本」を、ただ漫然と読んでいては効率が悪い。

　とくに、明日までに読んでその内容をまとめなければならない場合などは、最初から最後までをじっくりと通読するのには時間的に無理がある。

　そんなときには、**本の"キモ"を見つけることに専念**したい。まずは目次をざっと見て、ポイントになりそうな項目をいくつか選んで拾い読みしていくのだ。

　ここで大事なのは、次の項目に移るときにいきなり目的のページを開くのではなく、全体をパラパラとめくってみることだ。これを繰り返せばどのあたりで核心に触れているのか、構成のパターンもなんとなくわかるようになる。

　本の種類にもよるが、上手にキモを見つけ出せるようになれば、全体の3割くらいを読むだけでその本にだいたい何が書かれているのか、主旨を理解できるようになる。

　大量の資料を処理しなければならない場合などは、おおいに役立つだろう。

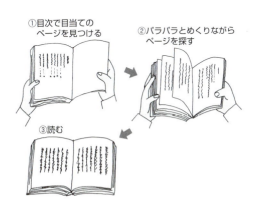

読解力 ②
「理解」を助ける

●難解な本を読むときは「入門書」を参考書にする

　スキルアップに役立ちそうな本を買ったはいいが、あまりの難しさに読み進められなかったという経験はないだろうか。

　そんなときに意外と使える方法がある。たとえば、資格取得のための対策本のようなものなら、初心者向けに書かれた**「入門書」と「中・上級書」を一緒に読む**というやり方だ。

　まず、タイトルや帯に「入門書」と書いてあるものや、基礎的な内容に重点を置いている本を選ぶ。図解などがふんだんに盛り込まれているようなタイプの本もいいだろう。

　続いて、同じ分野で「中・上級者向け」の本を一緒に選ぶ。そして、この2冊を並行して読み進めていくのである。

　こうして**入門書で「基礎」を固めたら、すぐに中・上級者向けの該当部分を読み、わからない箇所があったら入門書に戻って確認**するのである。

　基本的な情報がざっと頭に入っているだけでも、難解な資料の読み解きはぐっと楽になるはずだ。

　このような"併読"は、効率的に知識を獲得するコツなのである。

「入門書」は「中・上級書」の参考書

よくわかる環境問題　【入門書】

＋

環境ビジネス　展望と課題　【中・上級書】

＝

入門書で用語の意味や問題の背景などを確認しながら読めば、中・上級書も理解できる

●骨を折る文章で使える「Q&A読書法」

　知識を広めるためには、興味を抱いた対象をより掘り下げて勉強してみるのもひとつの手だ。こんなとき頼りになるのが、その分野について書かれた専門書である。

　ところが、専門書には見慣れない専門用語がたくさん出てきて、途中で挫折してしまいかねない。だが、本を開く前にあることをするとそれを回避できる。それは、「問い」を書き留めておくことだ。

　読み始める前に、自分はこの本からどんな知識を得たいのかをあらかじめ考えておく。そして、目次や表紙の裏などの余白に「なぜ、○○なのか？」などと、走り書き程度でいいから書き留めておくのだ。

　ちょっとしたことかもしれないが、これで自分がなぜこの本を読むのかという目的を意識することができる。それをふまえて疑問や質問の答えを探すように読み進めていくのである。

　疑問点を明らかにしておくと、読んでいるうちに何らかの引っかかりが出てくるのでその本に対する理解力が高まる。

　さらに、途中で集中力が欠けてきたときは、メモを読み返して疑問点を再確認すれば、読み続けることへのモチベーションを保てる。

　この「疑問」に「解答」するという「Q&A読書法」は、難解な専門書でも読み解く助けになるのだ。

読み始める前に自らの疑問点を明確にしておく

読解力 ❸
情報整理ができる「書き込み」

●資料の読みこなしを左右する「線」の引き方

　データだらけの資料を読みこなすのはけっこう難しいものだ。読み終えてもわかったようなわからないような状態で、結局、何度も読み返す羽目になったりする。

　資料には膨大な情報が詰まっているのだが、多くの場合、本当に必要な情報はそのうちの10パーセント程度だともいわれる。漫然と読んでいたら、頭の中で整理がつかなくなるのも当然なのだ。

　そこで、資料を読むときには書いてある内容を大きく2つのカテゴリーに分けてみたい。**「わかっていること」と「わからないこと」に分類する**のである。

　ここで重要なのは、自分がわかっていない部分を知ることにある。

　わからないことは何度も読み直したり、別の資料で調べたり、詳しい知識を持っている人に話を聞く必要がある。ここは重点的に補強したいポイントだ。

　わからないことがチェックできれば、次に何をすべきかもはっきりしてくる。これだけでもずいぶんと頭はすっきりするはずだ。

　こうしてわからなかったことを整理して明らかにできたら、次に自分がわかっていると思っていることも一度チェックするクセをつけておいたほうがいい。

　わかっているつもりでも、それは単なる思い込みだったり、覚え間違いをしている場合もあるからだ。

　面倒くさがらず、しっかりと確認して正しい情報を蓄積しておくと、思考のポイントがずれるのを防ぐことができるのだ。

●わからないこと	●わかっていること

●仕事で使える本にリメイク！「書き込み・コメント術」

　本を読んでいて、役に立ちそうな情報に出会ったとしよう。「この方法は使える」などと思いながら読み進めるとまた別の情報を見つけたりして、あれこれ考えているうちに最初に気になった情報をすっかりチェックし忘れてしまった、という経験はないだろうか。

　そんな失敗をなくすために利用したいのが、本の余白スペースだ。なかでも目次の余白スペースは利用価値が高い。上下の余白スペースを利用して、ポイントやひらめきなどをメモしておくのだ。

　たとえば、手帳の使い方の本に「手帳は大きさにこだわる」という目次があったとしよう。その空きスペースに「A5版がベストサイズ」「資料を縮小コピーして貼っておくのにちょうどいい」といった内容を書き添えておけば、ポイントがわかりやすい。

　また、章の扉の前にある白紙のページや巻末の余白スペースに、章のまとめや重要ポイントを書き込んだり、読書の最中に考えついたことを読んでいるページの余白に書いておくのもいい。

　読書中に思いついたことには、思わぬ発見があるものだ。思いついたことを**気軽に書き込んで「仕事の虎の巻」**に変えてみてはどうだろう。

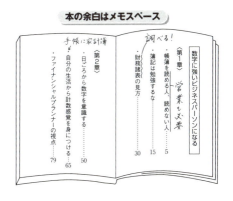

本の余白はメモスペース

読解力 ④ 瞬時に「内容」をつかむ

●プロフィール、あとがきは本のみちしるべ

　書店には、同じ分野でもさまざまな著者による、それぞれの切り口で書かれた本が並んでいる。その中から1冊を選ぶのはけっこう迷うものだが、その手がかりは、本の中の"ある部分"に隠されている。それが「著者プロフィール」と「あとがき」だ。

　著者のプロフィールには、筆者の名前や生まれた年だけでなく、学歴や職歴、ほかの著作物などが紹介されている。これらを読めば、**どんな立場や経験にもとづいて書かれた本なのかがわかる**のだ。

　ビジネスについて書かれた本の著者が経済学の専門家であれば、経済全体の中におけるそのビジネスについて述べられていることが予想できるし、ビジネスに関わっていたり、関連する企業に在籍していた著者なら、成功談や失敗談など読者が知りたいリアルな話題にも触れているだろう。

　一方、「あとがき」についてだが、これについては最後に読めばいいとか、いつも読み飛ばしているという人も少なくないだろう。

　これはじつにもったいないことで、**あとがきには本を選ぶ際の重要な情報がまとめられていたり、その本の総括的な内容が端的に書かれている**ことが多く、場合によってはその本の指針にもなる。

　プロフィールやあとがきをチェックすることをぜひ習慣にしたい。

「あとがき」にはこんなことが書かれている

- この本が書かれた目的
- どんな読者を想定して書いたか
- この本が生まれた背景

　　　　　　　　　など

あとがきを読めば、自分が求めている内容かどうかがわかる！

読解力ドリル

質問①
A君、B君、C君が100メートル競走をした。B君とC君が85メートルのところを走っているときにA君がゴールした。今度は3人を同時にゴールさせるために、A君のスタート地点を15メートル下げて競争してみた。さて、予想どおりに3人は同時にゴールできただろうか。

質問②
あなたが秘書を務める会社の社長は、イタリア製の高級車を2台、ドイツ車を1台所有している。先月発売された社長の著書『断らない社長』は今週の書店売上ランキングで第3位となった。さて、この社長秘書の年齢は？

質問①の答え…できない
A君が100メートル地点に達するときにB君とC君は85メートル地点を走るので、A君が15メートル後ろから走った場合、A君が100メートルを走る間にB君とC君は85メートル進むことになる。残りの15メートルはA君が2人を引き離して勝つ。

質問②の答え…あなたの年齢
問題の冒頭に「あなたが秘書を務める会社の社長は」と書いてある。

101

速読力 ①
情報収集力を上げる

●読むスピードを上げる「目」の使い方

　文章を読むスピードがなかなか上がらないと感じているなら、視野に入る文字数を増やす練習をしてみてはどうだろう。**視野の中に入る文字数を意図的に増やす**ように心がけるのだ。

　１文字ずつではなく、**言葉や文節、行単位、文章単位で大きく視野に入れてその意味をざっくりと把握**していけば、当然のことながら読むスピードは速くなる。つまり、視野に入れる範囲を１行、３行、５行…というように段階的に増やしていけばいいのだ。

　説明を聞くだけでは難しそうに思えるかもしれないが、実際にやってみると意外とそうでもない。

　心を落ち着けて、ゆったりした気分でページと向き合い、なるべく視野を広くしてページを眺めるようにすると、多くの文字や行が"見えて"くるはずだ。すると、重要なキーワードだけが目にとまるようになり、全体を把握できるようになる。

　最初は、マンガのフキ出しのセリフなど面積の小さなもので練習してみると、無理なく取り組むことができる。

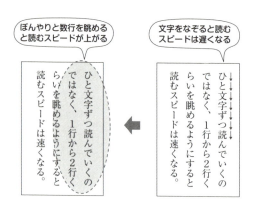

●「フォトリーディング」をマスターすれば秒速で読める

　ある一点に視線を集中させて、一度に認識できる文字の数は8文字程度だといわれているが、その文字数を劇的に増やせる読書法がある。それが「フォトリーディング」である。

　フォトリーディングとは、ページを画像のように取り込んで読む技術である。これには、まずフォトフォーカスの訓練をする必要がある。

　フォトフォーカスとは3D写真などを立体視する方法で、訓練をすれば誰でも簡単に身につけることができる。

　まず、壁に向かって視点を任意の1カ所に集中させる。そして視線はそのままにして、目から40センチメートルくらい離れた位置に両手の人差し指を向かい合わせに立て、その間を5センチメートル程度開ける。

　この状態でひたすら壁の1点を見つめると、指と指の間にもう1本の指が浮かんで見えてくる。このように焦点をぼやかした状態で本を読むと、**書いてある文字をイメージ画像のように取り込む**ことができるのだ。

　この方法なら文章をイメージとしてとらえるので、インプットする時間はわずか数秒だ。そのときに全神経を集中させ、キーワードを頭の中で繰り返せば情報を取り出しやすい状態になるはずだ。

　この方法は、本や雑誌だけでなくインターネットの画面にも応用できる。情報処理にスピードが求められる職種の人なら覚えておいて損はないだろう。

イメージ

速読力 ❷
情報を見抜く

●斜め読みより効果的な「タテ読み」

　明日の会議までに読まなければならない書類や資料が山積みだったりすると、それだけで気が滅入るものだ。文章を読むにはそれ相応の時間が必要なのだが、圧倒的に時間がないときもある。

　ふつう文章を読むときには、1字ずつ目で追っていく「なぞり読み」をするものだが、これではなかなかスピードは上がらない。こんなときに役立つのが「速読」だ。

　そこで、速読法の中でも比較的簡単に取り組めるおすすめの方法を紹介しよう。それが、「タテ読み」だ。

　たとえば、横書きの文書なら左から右に、1行ずつ目で追いながら読むのがふつうだが、**タテ読みは目線を左から右へ動かすだけでなく、上から下にも動かして文章をブロックでとらえる**のである。

　このとき、**目だけでなく顔も一緒に動かしていく**のが上達のコツだ。慣れてきたら句読点は飛ばして文字だけを読んでいく。

　とにかくスピードアップを意識して読むことが大切で、1行20文字程度なら訓練しだいで楽にタテ読みができるようになる。

　慣れてくると、文字を1つずつ追わなくても内容が頭に入ってくるようになり、読むペースがみるみる上がってくるのだ。

●グラフを一瞬で読み取る視線の動かし方

　プレゼンテーションの資料や、企画書によく使われるのが図表だ。じつは、図表の見方もちょっとしたコツを知っているだけでグッと読みやすくなる。

　一例を挙げると、マーケットシェアやアンケートの集計結果などを表すのによく使われる**円グラフの場合は、中心点を基準にして時計回りに視線を動かしていく**と読みやすい。

　それでは、数値だけが何段かに分けて示された表組みのグラフはどうか。

　たとえば「都道府県別／○○の増加率」、「地域別／○○量」というようなタイトルがついた一覧表などで、表の左端に都道府県名や地域名、一番上の段に調査年度や月日が並んでいるものなどである。

　こういう**表は、左上から視線をアルファベットの「Z」形に動かしていく**といい。それが最も自然な目の動きなので、数値の変化などもすんなりと頭に入ってきやすいのだ。

　というのも、我々が日ごろから接している文章は横書きのほうがだんぜん多く、左から右に目線を移動する動きに慣れている。つまり、人間がいちばんストレスを感じない目の動かし方なのだ。

　ストレスを感じると脳の働きはにぶくなってしまうので、ストレスのない目の動きを心がけることもスムーズなインプットには欠かせないのである。

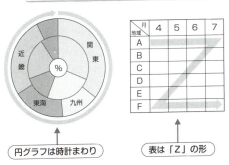

円グラフと表を見るときの目線の動かし方

円グラフは時計まわり　　表は「Z」の形

速読力 ❸
情報を厳選する

●あなたの「視野を広げる本」、「読まなくていい本」

「たちまち増刷！」「ビジネス書ランキングナンバーワン！」などと、POPやオビで強調されている本をおもわず購入してしまったという経験がある人も多いはずだ。

ところが、読み進めてはみるものの、ちっとも興味を持てないこともある。毎日、何冊も新刊本が出ている昨今、そのすべてが自分に合うとは限らないのは当然だ。

とくにビジネス書は、その**本の内容が自分に合っているかどうかは3章くらいまで読めばわかる**。筆者は自分が述べたいことを最終章まで引き伸ばしたりせず、前半でしっかりと主張していることが多いからだ。

つまり、**3章を読みきった段階で「面白くない」と感じたら、自分にとってハズレ**だったということだ。その場合は、新しい次の本を探したほうがいい。

また、本を読むということは、自分では直接経験できないことを著者を通して知るということだ。

読みやすいからといって同じような書物ばかり読んでいたのでは、知識は広がらないままだ。ふだんは読まないジャンルの本にも思い切って手を伸ばせば、新たな視点や今まで考えもしなかったような発想に触れることができる。

自分がいままで同じ側面からしか物事を見ていなかったことに気づくかもしれない。

速読力ドリル

左端にある数字や記号、単語と同じものを4つの中から探し出せ。

3761	3861	3761	3791	3671
○◆△◎	◎▽◆△	○▽■◎	○▽◆◎	○△◆◎
萩原	荻原	萩原	秋原	荻原
相模	相撲	相模	相楽	相模

次の枠の中の文字を一筆書きで追っていくと文章が表れる。何と書いてあるだろうか。

A
こ	と	に	は	り
い	が	ま	い	し
た	す	た	る	っ
り	っ	あ	つ	ぎ
し	き	り	ぼ	が

B
よ	と	っ	く	さ
め	と	れ	る	よ
る	き	ち	か	む
ぱ	か	く	ら	ち
っ	と	か	ら	か

質問①の答え

3761	3861	3761	3791	3671
○◆△◎	◎▽◆△	○▽■◎	○▽◆◎	○△◆◎
萩原	荻原	萩原	秋原	荻原
相模	相撲	相模	相楽	相模

質問②の答え
A…いそがばまわれというけれどとりあえずつっきりしてしまえ
B…さくらがちるさよならぼくとちがうきみとかれるかもしれない

情報収集力 ❶

効率よく情報収集する

●ネット検索をラクにする裏ワザ

　インターネットの最大の武器は「即時性」にある。この即時性を最大限に活用すべく、とにかくピンときた情報はすぐに検索するクセをつけておきたい。

　たとえば、気になる新商品があったら公式ホームページで商品の詳しい情報をチェックするだけでなく、個人のブログや口コミサイトなども見逃せない。そこでは、新商品を試したユーザーのリアルな感想を読むことができるからだ。

　ツイッター（twitter）やインスタグラム（Instagram）でキーワード検索するのも効果的なやり方だ。これら即時性のあるSNSなら、画像や口コミの最新情報をいち早く得ることができる。

　このようにして、**公式の情報に企業や一般ユーザーから発信されたリアルな情報を"肉づけ"していくことで情報が立体的になる**のだ。

　また、インターネットでキーワード検索をすると、自分が探し求めている情報もあるが、なかには無関係な情報も混ざっている。

　この"無関係な情報"とかフェイクニュースというのがとにかくやっかいで、このようなサイトの記事を読みふけってムダな時間を使ってしまったという経験は誰にでもあるだろう。

　そんな効率の悪いことをしないために、自分に必要な情報だけをピ

気になるキーワードを検索するとこんな情報が手に入る

- ブログで実際の使用者の生の意見を知る
- 検索結果の多さで世の中の注目度の高さがわかる
- 関連ニュースをたどると社会での位置づけや話題の方向性、派生情報などが理解できる

ンポイントに取り出すことができるサービスがある。それが、「RSS」（Rich Site Summary／リッチ・サイト・サマリー）だ。

ウェブブラウザーの一種であるRSSリーダーを入手して、お気に入りのニュースサイトやブログなどのURLを登録しておくと、更新情報やニュース記事の要約なども表示され、必要としている情報を見逃すことなく効率的にチェックすることができるのだ。

また、同じように**ムダなく情報にアクセスする方法として、「キュレーション」というサービスも活用**したい。美術館などで展覧会を企画して作品をまとめて展示する専門職をキュレーターというが、それと同じようにテーマに合わせて情報をまとめた「キュレーションサイト」がネット上に増えているのだ。

ここにアクセスすれば探している情報がすでにひとまとめになっているので、一からしらみつぶしにサイトにあたっていくという手間が省ける。

さらに、そのサイトをつくったキュレーターの目を通して情報がまとめられているので、自分ではたどり着けなかったような情報を得ることができたりもするのだ。

ネット上の情報は、玉石混合という性質があることは肝に命じておく必要があるが、これは使えるという便利なサービスはどんどん取り入れて快適な情報収集環境を整えていきたい。

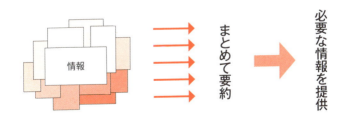

情報収集力❷

有益な情報を得る

●情報収集のカギを握る「キーマン」の見つけ方

　自分の仕事に役立つ情報を、さほどお金も時間もかけずに効率よく収集する簡単な方法がある。

　それは、会社の上司や先輩など身近で尊敬している人物を徹底的に観察し、彼らが読んでいるものをマネして読んでみることだ。その人物が、あなたの情報収集のカギを握る"キーマン"となるのである。

　たとえば、取引先でのプレゼンテーションが巧みな先輩の机の上には、プレゼンをするだいぶ前からライバル会社に関連する資料や国内外の類似商品の資料などが山積みになっていたりする。それを見れば、じつに用意周到に準備していることに気づくはずだ。

　あるいは、尊敬している上司を観察すると、よく持ち歩いているビジネス専門誌や経済誌に目がいくかもしれない。

　こうして相手の特徴が見えてきたら、あとは自分でできる範囲でその人のことを徹底的にマネしてみるのである。

　そうするうちに、これまでは知らなかった専門知識が深まったり、会議で役に立ちそうな資料をあらかじめ集められるようになったり、積極的に発言できるようにもなる。雑誌の記事が共通の話題となって話がはずむかもしれない。

　今日からでも始められるこの情報収集術、試してみる価値はある。

●一瞬で「いい本」を見つける技術

　苦手なジャンルの本はつい避けてしまい、好きなものばかりを読みたがる人は少なくない。ところが、その苦手なものが、じつは"宝の山"ということもある。

　心理学的に「嫌い」という感情は、裏返せば強く意識している対象に対して抱くものである。

　本当に興味がなければ目にも留まらないはずなのに、苦手だといって遠ざけるということは、そこに自分が目を背けたくなるもの、いい換えれば弱点が潜んでいる可能性があるのだ。

　つまり、苦手なものをあえて手にとって読んでみることで、自分の世界や価値観をぐっと広げることができるのである。

　しかも、なぜ自分はそれを苦手と感じているのか、冷静に考えることもできるのだ。

　まず、自分の好きなもの、嫌いなもののリストをつくってみるといい。これによって自己分析もできるし、自分に足りないものを見つけることもできる。そのリストに沿って、新しいジャンルの本を見つけるのだ。

　そうすることで嫌いなものを新鮮に感じられるようなら、それで十分収穫を得たといえるだろう。

　自分自身の「人間力」を広げてくれるものは、苦手なものの中にこそ潜んでいるともいえるのだ。

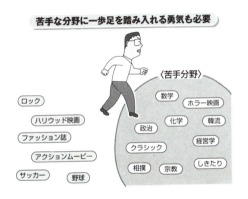

苦手な分野に一歩足を踏み入れる勇気も必要

情報収集力 ❸
思考の幅を広げる

●幅広い思考が手に入る「辞書」活用法

　電車の乗り換え案内や飲食店の検索はもちろん、難しい言葉の意味や英文の和訳など、インターネット検索を利用するのはもはや当たり前になった。

　スマホさえあればあらゆることが検索可能になることで、情報へのアクセススピードは格段に上がっているといえるだろう。

　それでも、ときには紙の辞書を手にとって情報との偶然の出会いを楽しむことをおすすめしたい。

　たとえば、ある言葉の意味を辞書で調べてみたとしよう。そこには言葉の意味はもちろん、その言葉の使用例から熟語やことわざ、慣用句などが載っている。古典や名作などでその言葉が使われている一文を引用しているケースもある。

　また、調べたい項目の前後に書かれている項目や、何となく開いてしまったページに目がとまることもある。

　そういった**"余分な情報"**は、自分の知的好奇心を掻き立ててくれるばかりか、**ボキャブラリーを増やす**ことにもひと役買ってくれるはずだ。

　何かと忙しい現代ではあるが、デジタルで直線的な思考スタイルばかりではなく、書籍や辞書のようなアナログ的で幅広い思考も持ち合わせていたいものだ。

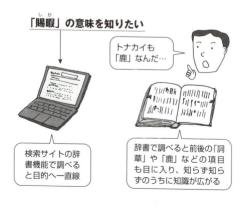

情報収集力ドリル

質問① 書店でどの本を買えばいいか迷ってしまった。そんなとき、本の「ある部分」をチェックするだけで、書かれている内容を大まかにつかめることができるという。さて、その方法とは？

質問② 清涼飲料水を選ぶのにかかる時間は2秒といわれている。そこで、開発担当者が消費調査をするために新商品のサンプルを女性モニターに見せた。さて、彼女たちは下記の3つのうち、何にもっとも興味を示しただろうか？

A　ネーミング
B　価格とボリューム
C　色と形

質問①の答え…「あとがき」を読む
あとがきはその本の〝要約〟なので、ここを読むだけで著者の言いたいことや、誰に向けて書かれた本かなど、基本的な情報がわかる。

質問②の答え…C
人はふつう、モノを見るとまず色と形でそれを識別しようとするが、とくに色に反応する。担当者は数種類の色と形のボトルを用意して、それを見た瞬間の彼女たちの表情から「この色と形でいこう」と判断していたのだ。

情報整理力 ❶ データ管理の方法

●仕事がはかどるデータ管理のルール

　パソコンでデータを作成するときには、ちょっとしたことに気を配るだけでその後の仕事の効率がグンとアップする。

　たとえば、仕事の**アイデアを箇条書にした文字情報だけのデータは、ワードなどよりテキストファイルで作成**したほうが容量も軽いし、ファイルを開くときにもすぐに立ち上がって扱いやすい。体裁などを整える必要がないなら、テキストファイルで十分なのだ。

　また、パソコンのファイルを作成するときは、**ファイル名の「名付けルール」を徹底する**ことも重要だ。

　データによってファイル名がバラバラでは、管理や検索に余計な手間がかかってしまうからだ。

　その都度、思いつきで名前をつけるのではなく、「日付／プロジェクト名／バージョン」などのルールを決めておけば、名前をつけるのに悩むこともないし、管理も検索も簡単だ。

　パソコンのような多機能なデジタルツールだからこそ、本当に便利に役立てるためにはアナログ的思考に基づいたルールづくりが欠かせない。

　自分なりの方法を決めて使いこなしていきたい。

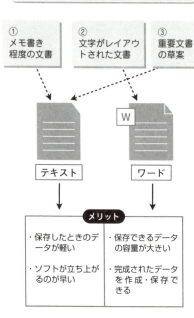

文書の内容によって使うソフトを変える

●写真・データの確実な保存法

　パソコン上の重要なデータは、破損や紛失防止のためにハードディスク以外にも保存しておくことが常識となっている。

　データを記録するためによく利用されているのが、USBメモリに代表されるフラッシュ型メモリや、CDなどの光学系メディアである。

　しかし、これらの方法では、不意のトラブルでデータが破壊されるリスクはゼロにできない。

　クラウドを使うという手もあるが、写真やテキストデータの長期保存方法として最も実用的なのが、じつは紙にプリントアウトしておくことなのだ。

　これは一見、デジタル全盛の時代に逆行するようだが、紙にプリントアウトしておけばハードがなくても中身を確認することができるという利点がある。

　少しでもメディアに問題があると読み取れなくなるデジタルデータと違って、多少劣化しても中身を確認することができるのだ。

　しかも、少々濡れたり破れたりしても、情報としてはまったく問題がないといえるだろう。

　何から何までプリントアウトする必要はないのだが、絶対になくすことができないような重要な情報は、専用のファイルを作ってアナログ形式で保管しておくのがリスク管理の上でもおすすめなのである。

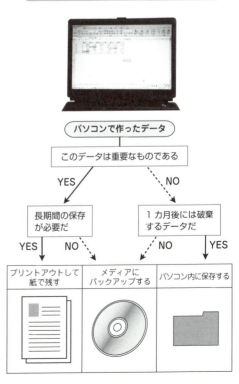

データの内容によって保存方法を変えてみる

情報整理力 ❷

考える「習慣」をつける

●重要な情報だけをストックできる「網の目スクラップ法」

　新聞は、さまざまな記事が掲載されている情報の宝庫だ。気になった記事をその都度、切り抜いてスクラップをしている人もいるにちがいない。

　ただし、いくら良質な情報が手に入るとはいっても、片っ端からスクラップブックに貼り込んだらあとで探すのにひと苦労だ。

　そこでおすすめしたいのが、これらの切り抜きを1カ月ほど寝かせておいてから整理する方法だ。

　一定の時間を置いてから読み返すことで、それが本当に重要な記事だったのかを判断するわけだ。いわば、一定の時間を置くことで"ふるい"にかけるのである。

　そのうえで、残しておきたい記事はA4用紙1枚につきひとつの記事を貼り込み、テーマごとに分類してクリアファイルなどに入れておくのである。

　こうすれば、スクラップした記事が必要になったときには取り出しやすいし、いずれ記事が不要になったときもその記事だけを捨てることができる。

　もし、これらを1冊にまとめたいなら、A4用紙にパンチで穴を開けてリングファイルに綴じておけば、"再編集"作業も簡単にできるスクラップブックになる。

　このような方法で必要な情報と不必要な情報の整理を定期的に行うだけで、ブレない思考力を養うことができるのだ。

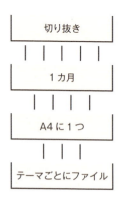

●書類を精密に管理する「入れ子収納法」

パソコンでファイルを管理するときに、ひとつのフォルダの中にさらに複数のフォルダを入れることがあるが、これと同じ方法がプリントアウトした書類の整理にも使える。

クリアファイルをフォルダに見立てて、その中にクリアファイルを入れて分類するのだ。

たとえば請求書を保管するときに、まずクリアファイルを1枚用意して、その表面に「2019年4月分請求書」というようなタイトルをつける。

その中に「図書費」「交通費」外注費」など、用途ごとに分けてラベルをつけ、クリアファイルを挟んで仕分けしていく。これなら請求書の中身が見やすいし、用途ごとに請求書をチェックするときもスムーズだ。

また、デジタルデータの場合は、データを保存した「日付ごと」、あるいはファイルにつけた「名前ごと」というように、パソコン上で自在に整理し直すことができる。

それに習って、紙の書類を日付ごとに整理したい場合は、最初から1カ月分のインデックスがついたファイルホルダーを使ってみるといい。

さらに、インデックスに書き込めるタイプのホルダーなら、日付だけではなく、社名や案件など自分の都合のいい項目に分けて整理することができる。

このように、デジタルをアナログ的に考えると柔軟な発想が鍛えられるのだ。

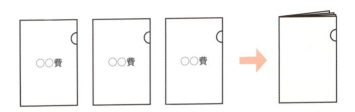

情報整理力 ❸
思考の流れをつかむ

●未来を変える「1行読書日記」

　学生時代の手帳やアルバムを見ると、何を考え、何に悩み、何を目標にしていたのかといった、いまではすっかり忘れていた当時の自分を思い出すことができる。

　じつは、日々の出来事を文章にして書き留める日記にもこれと同じ効果がある。この手のものはいわば「自分史」なので、自分自身の行動を省みたり、今後の人生の指針にしたりと思いのほか役に立つものなのだ。

　そこで提案したいのが、これらに「読書日記」を加えることだ。いちばんいいのは、読んだ本の内容や感想を日記のように書くことだが、それが難しければ本のタイトルだけでもいい。

　日記に残しておけば、**過去の自分が何に興味を持っていたのかが一目瞭然**だし、**考え方の変化や偏りなどにも気づきやすい。**

　また、読み終わったそばからツイッターで本のタイトルと感想を書き込んでおくのもひとつの手だ。すると、それがそのまま読書日記になるだけでなく、同じ本を読んだフォロワーからの感想やおすすめ本の情報が届くこともある。

　たった1行のタイトルだらけでも、ずらりと並べば立派な"自分史"になる。年度初めなどの目標を立てるときに、過去1年間にどんな本を読んだのかを改めて見直してみるのもいいかもしれない。

情報整理力ドリル

 母親の還暦のお祝いで里帰りした娘に、母親はこんな話をした。「私が今のあなたの年齢だったときのあなたの年齢の3倍が、ちょうど今の私の年齢になるのね」。さて、この娘の今の年齢は？

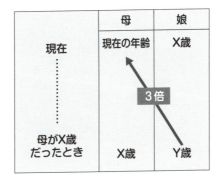

質問①の答え…40歳

母親は還暦だから現在60歳。仮に現在の娘の年齢をX歳とすると、母親がX歳のときの娘の年齢の3分の1だから、2人の年齢差は現在も昔も変わらないから、$60-X=X-20$という式が成り立ち、これを満足するのは40しかない。

裏読み力 ❶ 情報の付加価値に気づく

●「数字」から読み解く相手の思惑

新聞や雑誌の記事にはよく数字が出てくる。このような**数字がいつ、どのようにはじき出されたもので、世の中全体の何を示しているのか**に注目すると、その意味を的確に把握することができる。

統計調査などをもとにした正確な数字の場合もあれば、書き手が自分の感覚や生活の実感から予測したアバウトな数字の場合もある。そこで**数字が出てきたら、前後の文章から、その数字がどういうものかを読みとりたい**。

たとえば、記事の最後に「厚生労働省□□局・2018年度調査」といったただし書きがあれば、これは政府が直接調査した数字だということになる。

また「○○自動車によると、〜は△△件あり」といった数字でならば、特定の業界がある程度きちんと調べた数字であるということがわかる。

逆に、「たとえば国民の○○％が…」という数字だと、あるデータを引用しつつ書き手が仮説として用い

数字とともにチェックすべき点はココ！

- **日本政府観光局** によると2018年に訪日した外国人は ○○○万人 。 ← 国の調査
- ブラジルの不作によりコーヒー価格は昨年度比 ○％減 （全日本コーヒー協会調べ）。 ← 業界の調査
- 起業家は 10万人に1人の割合 で存在するといわれている。
  - 特に出典のない場合は、おおまかな数字である可能性が高い

- 全体的に経済やお金の関連本が人気
- コメンテーターの人物評から本の質が見極められる
- 新常識がキーワード

ている場合もある。

いずれにせよ、数字を理解する「数字力」を身につけておけば、記事を通して世の中の流れを的確に感じ取る力が自然と身についてくるはずだ。

●「広告」「読者投稿」は情報の宝庫

新聞につきものなのが「読者の投稿欄」だ。じつは、ここには貴重な情報がいっぱい眠っている。

この欄に掲載されているのは、一般読者のナマの声だ。実生活に即した、ふつうの人たちの目線で書かれたリアルで率直な投稿には大きな価値がある。

さらに、もっと多くの人の意見を知りたいと思ったら、インターネットの質問サイトを閲覧してみるといい。

ネット利用者同士が交流をしながら疑問を解決していくサイトでは、新聞よりもさらに忌憚のない意見を知ることができるし、質問サイトを利用すれば、知りたい情報に対する意見をダイレクトに募ることができる。

もちろん、情報の精度や真偽は慎重に吟味する必要があるが、ライブ感あふれるリアルな情報はそれだけの価値があるはずだ。

また、書籍や雑誌の広告も見逃すことのできない情報の宝庫だ。それらの広告には、その本の"ウリ"が書かれているからだ。

その本だけに書かれている内容や新しい切り口などのほか、どんな経験のある著者なのかも書かれていることがあり、本の中味を的確に判断する材料となり得る。

また、短い言葉で情報のエッセンスを伝える広告は、広告そのものが価値のある情報といえるのである。

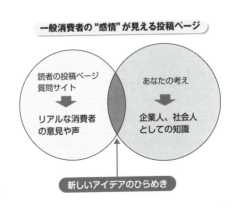

一般消費者の"感情"が見える投稿ページ

読者の投稿ページ
質問サイト
→
リアルな消費者
の意見や声

あなたの考え
→
企業人、社会人
としての知識

新しいアイデアのひらめき

裏読み力❷
相手の状況を知る

●メールでまずチェックする「送信日時」

　メールを受け取った時にチェックしたいのが「送信日時」である。とくに自分が知らない間に届いていた場合、相手がいつ送信したのかを必ず見る習慣をつけておくと返信の際に大いに役立つ。

　たとえば、かなり前に送られてきたメールなら、返信の際に「返事が遅くなって申し訳ありません」のひと言をつけ加えたほうがいいことがわかる。

　また、送信日時は見方によってはいろいろな情報をもたらしてくれる。

　たとえば、商談をしたあとに先方から「OK」のメールがどれくらい時間がたって送信されたのかをチェックしてみる。

　すぐに送信されたのであれば問題もなく結論が出たのだと推測できるが、逆にかなり時間がかかっていれば、もしかしたら先方で何らかの問題があって話し合いが行われた可能性もある。それを念頭においておけば、次に担当者と会うときの対応に活かせるはずだ。

　また、真夜中や早朝などの時間帯に頻繁にメールがくる場合は、相手の生活のサイクルが予想できて、連絡をとる場合の参考にもなる。

　送信時間をチェックして、そこに込められた情報を正確に読み解くことで、仕事を効率的に進められるのはもちろん、よりよい人間関係を築くのにも役立つはずだ。

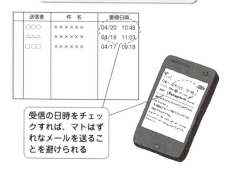

メールの受信時間は必ずチェックする

受信の日時をチェックすれば、マトはずれなメールを送ることを避けられる

●相手の心理は一文の長さに表れる

　形式通りのやり取りが多いように思えるビジネスメールの文面には、送った人の心理が表れるものだ。

　そこで、相手のメールの言葉遣いに注目してみたい。

　尊敬語や謙譲語を多用した丁寧な文面なら、相手は自分のことを「格上」と見ているが、用件を端的に述べただけのあっさりした文面の場合は「同格」と見られていることが考えられる。

　また、同年代で立場的にそれほど隔たりがあるわけでもないのに丁寧なメールを送ってくるなら、まだ腹を割って話せる関係ではないかもしれないし、距離を置かれていることも推測できる。

　さらに、文章の長さもチェックしたい。**前置きが長々と続いていれば、伝えにくい事柄や、あまりいい話ではない**ことが多い。最初からいきなり**本論から始まる簡潔なメールからは、相手の自信と意志の強さを読み取ることができる**だろう。

　また、相手が返信を求めているかどうかも見極めたい。質問や問い合わせのメールの場合だけでなく、アポイントメントや会合の確認メールでも、相手は「了解しました」という返信を待っているはずだ。

　自分が送信者だったらという視点で考えてみれば、自ずとどんなメッセージを返せばいいのかがわかるようになるはずだ。

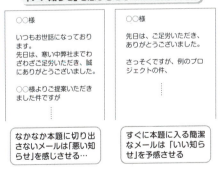

裏読み力ドリル

質問①　Aが「もし私の考えていることを言い当てたら、1万円あげよう」とBにいったところ、BはAから1万円をもらうことに成功した。さて、Bは何と言って1万円もらったのだろう。

質問②　「紙とペンだけを使って直線を描きなさい」という問題に、ある少年は紙の縁の部分を定規のように使って直線を書いた。では、この紙を使って放物線を描くにはどうすればいいだろう。

質問①の答え…「私に1万円をくれないでしょう。」
もし、この言葉が当たっていれば「言ったら1万円をあげる」という言葉があるから、当たっていなければ「1万円をあげる」ということになる。

質問②の答え…紙を丸めて斜め上方に投げる
紙は放物線を描いて放物運動を描いて落ちる。

1秒で解きたい！
ビジネス瞬発力クイズ

Q1
「このアイデアは絶対にいける！」。自信満々で参加する会議。そんなとき、この自信のあるアイデアはどのタイミングで発表するのが理想でしょうか？

① 議論が始まってすぐの序盤
② 議論が盛り上がってきた中盤
③ そろそろ議論が終わりかけている終盤

Q2
情報整理の際に、一番使いやすい色のふせんはどれ？

① 赤
② 黄色
③ 緑

Q1の答え… ③ そろそろ議論が終わりかけている終盤
【解説】人は最後に出た意見が印象に残りやすいという性質があります。また、議論が進んで煮詰まった段階では、何回も意見を出してきた参加者たちも疲れが出てきているので、最後の序盤に意見を出した方が印象が強くなりがちです。

Q2の答え… ② 黄色
【解説】黄色のふせんは、パソコンの文字が黒なので、手書きなどにも目立ってから、また黒色は主にプロセスを捉えても目立ちません。

Q3
初めてのデートの日、雰囲気のよさそうなしゃれたレストランを発見。でも料理の味がどうかは外見からだけではわかりません。ところがしばらくして「絶対においしいはず！」と確信しました。それはなぜ？

Q4
外出先で予定を確認すると、どうやら次のアポイントの時間をすっかり勘違いしていたようだ。今からでは遅刻確実。こんなときの最適な行動とは？

① すぐに訪問先に連絡を入れて、到着できる最短の時間を告げる
② すぐに訪問先に連絡を入れて、到着できそうな時間より少し遅めの時間を伝える
③ 相手も忙しいかもしれないので、連絡はしない

Q3の答え…店の中から出てくる客が、みんな満足そうな顔をしていたから。
【解説】自分ひとりで判断できないときは、大勢の判断を参考にしましょう。結果発表タイプ。このレストランの味のよさは、すでに他のお客さんたちが実証ずみです。つまり、大勢の判断に従うわけです。

Q4の答え…② すぐに訪問先に連絡を入れて、到着できそうな時間より少し遅めの時間を伝える
【解説】もう15分以上の遅刻はできないので、ブーイングをもらうことを避けるためにも少し遅めの時間を告げておけば、確実にその時間までに到着できます。時間に余裕も生まれます。

Q5

次に挙げた推論は
論理的に正しいでしょうか。

前提1　すべての花は、植物である。
前提2　すべての植物は、動物ではない。
結　論　ゆえに、すべての花は、動物ではない。

Q6

あるホテルで「正直者の集会」と「うそつき者の集会」が開かれています。「正直者の集会」には正直者しか参加していませんし、「うそつき者の集会」にはうそつき者しか参加していません。あなたが参加したいのは「正直者の集会」ですが、案内が出ていないので、どちらの部屋がそうなのかわかりません。そこへ、どちらかの集会の参加者が出てきました。さて、ひと言だけ質問できるとすれば、何と言えば「正直者の集会」に参加できるでしょうか。

Q5の答え…正しい

【解説】一見したところは正しいような気がしますが、「正しい」が正解です。これはいわゆる「三段論法」、物語の2つのことがらに関して、2段階の推論を用いて結論の是非を問うて、日常的な表現をとって三段論法を用いる場合のほとんどで、できるだけ明瞭な論理で結論をうまく導きたいものです。

Q6の答え…「正直者の集会」が開かれているのはこちらの部屋ですか？」と聞く。

【解説】「正直者の集会」「うそつき者の集会」の参加者なら、「正直者の集会」が開かれている部屋を答えるはずです。また、「うそつき者の集会」の参加者なら、反対の「正直者の集会」の部屋を教えるはずです。すなわち、どちらの参加者でも、「正直者の集会」が開かれている部屋を指すのであります。

Q7

サラリーマンの益子さんは東西と真南を大きなマンションに囲まれた土地を手に入れました。マイホームは北玄関にして、北側には大きな窓をつけましたが、日中でも部屋の中は薄暗くてしかたがありません。益子さんは今度家を建てるときは、「四方の窓がすべて南向きの家がいい」と、夢を描いています。さて、そんなことは可能なのでしょうか。

Q8

ふたつの家電量販店で、それぞれ次のようなキャンペーンをやっています。さて、どちらが得だと思いますか。

A店＝「50人に1人の割合で、購入額の全額がキャッシュバック」
B店＝「すべてのお客様に購入額の3％引き」

Q7の答え… 可能（北側屋根に窓を設ける）
【解説】敷地上のその四方を東西南北に囲まれていたら誰だって日中でも暗くなりそうなのは当然ですが、1ヵ所だけ北に向いています。北極星です。同じように四方を南に向けて窓をつける方法もあります。屋根の北斜面に窓を開ければ良いでしょう。問題ですが、特殊な窓枠の業者が見つかれば問題ないでしょう。

Q8の答え… B店の方がトク
【解説】「購入額の3％引き」という営業としては、「各種キャッシュバック」という言葉は魅力的ですが、しかし、50人に1人というのは100人なら2人、つまりその商店は50人に対し1回の「2％割引」と同じことなのです。そう考えれば、B店の方が3％お得です。これは確率のマジックです。

Q9

新製品の宣伝会議で、初めて全メンバー6人が揃いました。ところが、中心になるはずの上司が病欠。残り5人の中で最年長のあなたは「ここは自分がビシッとリーダーシップをとろう」と考えました。さて、どの席に座ればいいでしょうか。

① ともかく角の席
② 人数が多い側の真ん中の席
③ 人数が少ない側の真ん中の席

Q10

新しい企画について上司に重要な相談ごとがありますが、約束の時間に上司の部屋に行くと、急な仕事が入ったのかほかの社員と忙しそうにしていて、話を切り出す雰囲気ではありません。今後のことを考えたら、どうするのがいいでしょうか?

① 相談内容を簡単にまとめて急いで話す
② 途中まで話して、残りは次の機会にする
③ 話すのをあきらめる

Q9の答え…③ 人数が少ない側の真ん中の席
【解説】人数が少ない側、つまり少人数の側に座るということは、自分は上司的な立場になるということです。そうすることで、相手の目線をエネルギッシュに引き込むような形で意見を言えるようになり、その結果、リーダーシップを発揮し、主導権を握ることになるのです。

Q10の答え…② 途中まで話して、残りは次の機会にする
【解説】もし無理をして相談したら、それはいい加減な話として、しかも「一応報告を聞いた」という形で処理が終わるという危険性が高まります。上司の気持ちに余裕がない状態で相談内容を持ち出すことは、おすすめできません。そこで活用してほしいのが〈繰り返しの効果〉です。ツァイガルニック効果と呼ばれているのですが、重要な中断を繰り返して、最後まで詰めきらない」という継続処理が続くと、上司の印象に残るのです。

129

Q11

駅までバスで15分の大型団地に住むAさん。団地前から出るバスは、乗客のほとんどがその団地の住民で、顔見知りばかりです。また歩いて2、3分ほどの別のバス停でもバスに乗れますが、そちらの乗客は知らない人ばかりです。どちらもぎゅうぎゅうのすし詰め状態ですが、なるべく快適なほうに乗りたいと思ったら、どちらのバスを利用すべきでしょうか。

Q12

中小企業の奮闘ぶりを描いたテレビドラマ『下町ロケット』が人気でしたが、日本の中小企業はいったいどのくらいあると思いますか？

① 99.7パーセント
② 90.5パーセント
③ 85.3パーセント

Q11の答え…知らない人ばかりのバス

【解説】顔見知りが多いほうが気分はよさそうですが、満員のバスで身動き困難するような状態だと別です。他人と人格のない「モノ」のように扱えられれば、密集状態でも我慢できます。しかし、少しでも相手がこちらをはっきり知っていたら、かえって気まずくなる。民さ密の激しいラッシュ時になります、結果的に接触しやすくのです。

Q12の答え…① 99.7パーセント

【解説】日本の中小企業は381万社で、国内企業の99.7パーセントを占めます。それに対して、大企業は1万1000社でその約0.3パーセントにしかすぎません。日本経済は、まさに中小企業によって支えられているといえるのです。

Chapter 2
アウトプット

話す力
説明力
交渉力
雑談力
プレゼン力
心理操縦力

書く力
メモ力
企画力
文章力
手紙・メール力

伝える力
質問力
回答力
好感力

話す力

話し方にはコツがある。個性や見た目など個人的要素を除けば、ちょっとした工夫とセオリーをつかむだけで、誰でも話術の達人になれる！

説明力（せつめいりょく）

DATE

いくら熱意があっても、筋道を立てて話さなければ話の骨子は相手には伝わらない。基本は、本題→詳細→本題の順だが、内容が複雑になるほど、話はダラダラとなってしまう。「よくわかる」と言われる説明には、ちょっとしたツボがある。

交渉力（こうしょうりょく）

DATE

「交渉するのは苦手」という人は多い。対等な立場で話し始めたのに、いつのまにか相手のペースに乗せられてしまうからだ。バカ正直に自分の意見を貫いているだけではラチが明かない。「負けない交渉術」には心理学的な話術も必要だ。

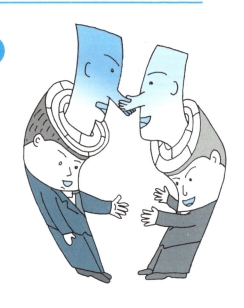

雑談力
ざつだんりょく
DATE

おしゃべりがうまい人＝雑談力が高い、とはならない。雑談は、相手と打ち解けられる有効な手段だ。雑談のしかたを少し変えるだけで、仕事も人間関係もうまくいくのだ。

プレゼン力
ぷれぜんりょく
DATE

プレゼン力は、提案力でもある。「伝わる」「刺さる」プレゼンをすれば、影響力が強まるし、仕事の評価もウナギのぼりだ。"プレゼンスキル"を磨いた者こそ、他者の先をいけるのだ。

心理操縦力
しんりそうじゅうりょく
DATE

相手のココロをものにしたいのなら、その動きを先読みするに限る。ロジカルに話したり、自尊心をくすぐるのもいいだろう。相手の心理を逆手にとれば、簡単に操れるのだ。

説明力 ❶
論理的に話す

●「本題＋詳細＋本題」で論理的に話せる

　客からクレームがあったという報告を上司にする際など、あまりにも前置きが長いと何が重要なのかが的確に伝わらないことがある。
「昨日、○○さんという高齢の女性が、先日購入された商品を持って来られて…」と切り出したところで、報告されているほうは最後まで耳を傾けなくては相談なのか、報告なのかもわからない。

　スムーズに伝わっていれば素早く対処できた小さなクレームも、上司にきちんと伝わらなかったがために大問題になってしまった、ということにもなりかねないのだ。

　時間をムダ使いせずに相手に確実に伝えるためには、「本題」＋「詳細」＋「本題」という流れで組み立てて話をすることだ。
「当社の商品に対するクレームが１件ありました」と、まず要点から切り出すことで、報告されているほうは心構えができるし、報告を聞きながら頭の中でその内容を整理することもできる。

　本題から始めて、次に「いつ」「誰が」「どういったか」などの詳細を伝え、最後にどう対応したのかという本題に戻る。これだけで、まとまりのいい話し方になるのだ。

「先日Ａ社に納品した機械なんですが、どうも部品に不具合があるらしくて、きのう担当のＢさんから電話があったそうなんです。今日対応すると伝えてあるんですが……」

↓「本題＋詳細＋本題」で組み立てると

スッキリ！

「**本題**」きのうＡ社からクレームがありました。
「**詳細**」先日、納品した機械の部品の一部に
　　　　　不具合が見つかったそうです。
「**本題**」今日、午後イチでエンジニアがＡ社に向います。

●相手の判断を促す「２段話法」

ところで、忙しそうな上司の姿を見ていると、つい遠慮して話しかけられないという人も多いのではないだろうか。

だが、仕事をしていくうえで「報告、連絡、相談」、いわゆる「ホウレンソウ」の大切さは変わらない。

そこで、忙しい人に判断を仰ぎたいときには、できるだけ短時間で話がすむように心がけたい。

そのためには、相手が「イエス」か「ノー」で答えられるように「意見」と「理由」をセットで話すといい。

たとえば、「明日の会議には〇〇さんを同席させてください」とだけ言うと、相手は「どうして？」と質問するはめになる。

しかし、「明日の会議には〇〇さんを同席させてください。彼は△△社のプログラムに詳しいからです」と理由までセットで伝えれば、相手は「イエス」か「ノー」だけで返事をすることができる。

つい理由をいい忘れるという人は、意見を言ったあとに「なぜなら〜」という言葉をつけ足すクセをつけておけばいい。次に出てくる内容は当然、「理由」しかないからだ。

相手が Yes or No で答えられる２段話法の例

（意見）		（理由）
今日の打ち合わせを明日に変更させてください。	な ぜ な ら	急にA社の担当者が来社されることになったからです。
その企画は今回は保留にしたほうがいいと思います。		今秋のイベントとからめて提案したほうが、効果があると思われるからです。
この案件は〇〇君にまかせたほうがいいでしょう。		彼は社内で一番その分野に詳しいからです。

説明力 ❷ 誤解を生まない話し方

●会話力を上げる「主語・述語」の使い方

　昔の文学や翻訳本などには、やたらとひとつの文章が長い場合がある。なんとなく読み流してしまうと、「誰が」「どうした」のかがさっぱり頭の中に入ってこないし、文章が長すぎることで、主語と述語の関係が見えにくくなってしまっているからだ。

　これは会話でも起こりがちだ。文章ならじっくりと再読することで正しく理解することはできるが、これが会話だとそうはいかない。

　話している本人はその事情を把握しているから、主語や述語を飛ばしても理解できているだろうが、相手にとっては初めて聞く話だから主語や述語がないと何のことだか見当もつかない。

　さらに、話の内容が契約上の問題や会議の報告など、コトの顛末をきちんと説明しなくてはならないような場合には、主語がはっきりと伝わらなくては話にならないのだ。

　ちなみに、ちょっとエキサイトして意見を戦わせるような場になると、「一昨日行ってきたら様子が変わっていた」とか「課長もそうですよね？」などと、「どこへ」や「何が」が省略されてしまうことはよくあるが、ビジネスにおいてこのやりとりは非効率きわまりない。

　正しく状況を説明し、相手に理解してもらうためには、主語と述語は不可欠なのだ。

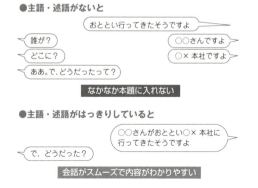

●トラブルを防ぐ「語尾」の使い分け

さらに話を確実に相手に伝えたいなら、事実であるのか、推測であるのか、あるいは伝聞であるのかをはっきりとさせたうえで伝えることだ。

まず、事実を話す場合には、「～です」と語尾を簡潔にしてみよう。それだけで相手からの信用度はかなり高くなる。

一方、推測で言う場合は、話を切り出す前に必ず「たぶん」とか「おそらく」「○○によりますと」とつけて事実と誤認されないようにしたい。語尾も「～だと思います」と推測であることを強調するといいだろう。

また、伝聞の場合は前述したように「○○さんのいうことでは」「～によると」と、あくまでも自分の考えではないことをはっきりさせることがポイントだ。

語尾も「～ということです」「～とされています」と、伝聞であることを強調することで、「言った」「言わない」のトラブルも回避できるのである。

Q（　　　）の中に適切な言葉を入れましょう

事実を伝えるとき

「○○社に提案する企画は、
A案とB案に決定（　　　）。」

推測を伝えるとき

「（　　　）、○○社に提案する企画は、
A案とB案に決定（　　　）。」

伝聞したことを伝えるとき

「××さん（　　　）、○○社に提案する企画は、A案とB案に決定（　　　）。」

答え：
事実を伝えるとき／です／しました
推測を伝えるとき／おそらく／だと思います
伝聞したことを伝えるとき／によると／したということです

説明力 ❸ 相手の理解を助ける

●説得力が増す「つなぎ言葉」

　わかりやすく説明するためには、「つながり」と「脈絡」を大切にすることだ。

　たとえば、話を徐々に膨らませていきたいときには、間に「そして」や「さらに」などの言葉を使うが、このようなつなぎ言葉を入れることで聞いているほうにも心構えができるのだ。

　また、これまでとは逆の方向に話を進めたい場合は、「しかし」「けれども」「とはいえ」などで展開を変えることができる。

　内容をガラリと変えるときは「ところで、話は変わりますが」「話が矛盾するように聞こえるかもしれませんが」などと、ひと言はさむことによって相手がより理解しやすくなる。

　さらに、話の最も重要なところでは、「ここが、重要なのですが」「そこで、ご提案したいのが」といったポイントを強調するような言葉を使えば、聞き手も改めて耳を傾けてくれる。

　実際、話がうまい人は「盛り上げどころ」や「話の締め」などに効果的につなぎの言葉を使っていることがわかる。つながりを明確にするだけで、自然と説得力のある話し方になるのだ。

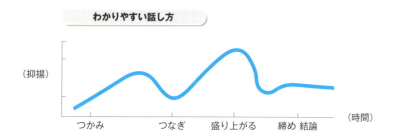

●脳内整理力がアップする「まとめ言葉」

　話というのは長くなればなるほど当然、情報量が多くなる。そして、その話の内容が濃ければ濃いほど、聞き手にはより高い整理能力が求められる。

　だから、内容が濃くて話が長くなる場合は、話す側が聞き手の整理作業をアシストするような言葉を挿入するのが望ましい。

　「つまり…」とか「結局…」のように、「このあとに話すことが大事な部分ですよ」ということを知らせる"まとめ言葉"を効果的に使うのだ。

　このような言葉が飛び出すと、聞く側は無条件に反応する。まだ整理されずに頭の中に浮遊しているキーワードや情報が、これをきっかけに一気に仕分けられるのである。

　つまり、それほど重要でない情報は淘汰され、まとめ言葉の中に出てきたワードに関連する情報だけがしかるべき場所に整理されるのだ。

　また、「肝心なのは」とか「重要なのは」という言葉を使うと、自分自身の頭の中を整理するためにも役立つ。

　話が大きく展開する場合は、まとめ言葉を要所要所で入れるよう心がけたい。

話す力

長く複雑な説明も「まとめ言葉」を使うと理解されやすい

説明①
説明②
「つまり…」

このひと言に聴衆は自然と反応する

説明力 ④ 的確に伝える

●相手が満足する報告のしかた

　たとえば、自社工場でトラブルが発生したとしよう。すぐさま現場に飛んでいき、状況を報告するようにと上司から言い渡された。さて、あなたならどのように報告するだろうか。
「トラブルが起きたのは午前10時ごろで、ラインが完全にストップしていまも止まっている状態で、まったく動く様子がありません。それから…」などと経緯を伝えたところで、上司はイライラするばかりだろう。なぜなら、知りたい内容がなかなか出てこないからだ。
　報告に限らず、人に話をするときは見聞きしたことをそのまま話すのではなく、内容を組み立ててから話すようにしたい。
　ポイントは、「相手が聞きたがっていること」を考えながら優先順位をつけることだ。
　この例の場合だと、まず上司が最初に聞きたいのはトラブルの箇所だろう。そして、何が原因なのか、現在どういう処置を施しているか、復旧にはどれくらいかかりそうかといったことだ。
　相手が誰であっても、報告する相手の立場や権限を理解していれば優先順位はおのずと浮かんでくるはずだ。

相手が満足する報告のしかた

① 状況を箇条書きにする

2 ● AM10時頃ラインが完全にストップ
1 ● 材料を流すベルトにトラブル発生
3 ● 機械メーカー担当者が原因究明中
4 ● 復旧には2〜3日かかるもよう

② 情報に優先順位をつけて報告する

●確実に伝えるための４つのポイント

　ビジネスでは、報告をした相手にはそれに対処するために動いてもらわなくてはならないことが多い。

　とくに部下に指示を出す場合には、何のために、どういう理由でそれをしなくてはいけないのかを説明する必要がある。「～こういうことなのでよろしく」だけでは、相手は思ったとおりに動いてはくれないのである。

　そこで、まずポイントになるのは「注意喚起」だ。「ちょっと知恵を貸してほしいんだけど」などと、相手の注意を呼び起こすひと言がほしい。

　次に、「じつは…」と興味を引き出し、その内容を説明して理解させる。そして「了解です」と合意を得て、「やってみます」と行動に結びつけることができてはじめて、「伝える」という目標を達成したことになるのだ。

　自分の考えを伝えるのが苦手という人は、この前段階の作業を怠っていることが多い。

　イントロもなしにいきなり本題を理解させようとしたり、さらには相手の合意を得ることもすっかり抜け落ちてしまっているのだ。

　「注意喚起」→「興味を引き出す」→「理解させる」→「合意を得る」→「行動を起こさせる」という段階を踏めば、間違いなく自分の意図どおりに相手は動いてくれるはずだ。

相手の興味を引き出す話題づくりのキーワード：天気／友だち／グルメ／仕事／旅／健康／芸能ネタ／スポーツ

説明力 ⑤ イメージを**具体的**にさせる

●相手がピンとくる「数字・固有名詞」の使い方

「通りにスゴイ行列ができている！」と聞いたとき、10数人くらいの行列を思い浮かべる人もいれば、通りを占拠するような人だかりを思い浮かべる人もいるだろう。

このように、同じ情報を得ても思い浮かべるイメージは人によって異なる。だから、説明する際はあいまいな表現は極力避けたいものだ。

たとえば、「当社の製品は業界でもかなりのシェアを誇っております」というよりは、「前年度の業界シェアは約85パーセントでした」と具体的な数字を出す。

また、「上に確認をとります」というような表現も曖昧な言い方だ。「上」は「部長の山田」というように固有名詞を出したほうが相手もイメージしやすいし、誤解もない。

ふだんの何気ない会話では「これ」「それ」「あそこ」などがよく使われるが、これがクセになるとうっかり「そこの通りをちょっと歩いた右側のビルが…」などとわかりにくい説明をしてしまったりする。

ふだんから「中央通りを50メートルほど歩いた右側のビル」などと、誰が聞いてもピンとくる**数字**や**固有名詞**を使うように心がけたい。

具体的に話すと内容がきちんと伝わる

・話題の店に行ってみたらかなりの行列ができていた。
・話題の店に行ってみたら100人以上の行列ができていた。
　　　　　↑ 注目度の高さが伝わる

・これはぜひ社に持ち帰り、上の方に通してみます。
・これはぜひ社に持ち帰り、役員会議にかけてみます。
　　　　　↑ 決定権のある、なしがわかる

数字や固有名詞を意識して話すと知的にも見える

説明力ドリル

ホテルのラウンジでソファーに座っていたら、ほかの客がとなりに来て座り、「タバコを吸ってもいいですか」と聞いてきました。本当は吸わないでほしいと思っていたのに、つい「どうぞ」と言ってしまいました。なぜでしょう？

営業に訪れた会社で、商品の説明はひと通り終わったはずなのに、相手の反応がありません。次の説明のしかたで悪いのはどれでしょう。

A ほとんどパンフレットを見ながら説明をした
B この商品について相手がどの程度の知識を持っているのか確認していなかった
C 最初から最後まで同じ声のトーンで話した

質問①の答え
それは「迷惑をかけたくない」という相手の心遣いに感謝したためとも言えますが、逆に、自分はにこやかにメリットを確認しないでそのまま受け付けてしまいます。一言、正直に答えましょう。

質問②の答え
答えはB。パンフレットや資料ばかり見て相手とアイコンタクトをとらないのも、開き手の反応を見ることはありますが、相手の反応が少ないときに重要事項を繰り返して説明することなど、次のことに注意しなければ相手を困惑させてしまうのです。

交渉力 ❶ 相手の心を動かす

●相手を落とす「たとえ話」と「事実」の併用

　話の内容を明快に伝えるためには、「たとえ話」を用いて説明するのも手だ。聞き手が話をイメージとしてとらえやすいからである。

　たとえば、飲料メーカーの営業マンが新商品を店に売り込むことになったとしよう。

「今回の新商品はアミノ酸が配合されていて、ダイエット効果が高いのが特長です」とアピールしても、店に置いてもらえたところで棚の隅に追いやられるのがオチだろう。

　しかし、このトークに「たとえば、スポーツをする前にこれを飲むと体脂肪の落ち方が違うんです」とひと言つけ加えると、相手の心は動かされるかもしれない。

　さらに「スポーツ選手が鶏のささみを食べるのは、ささみに含まれるアミノ酸が体脂肪燃焼に効果があって…」と、医学的な裏付けを加えると相手も納得してくれるにちがいない。

　たとえ話で商品のイメージを膨らませておいて、事実でそれを証明する。この手順を踏むだけで、営業スキルは一気に上がるはずだ。

「たとえ話」＋「事実」で営業センスを磨く

たとえ話		事　実
スポーツをする前などに飲むと体脂肪が落ちる	＋	プロの選手も飲んでいる
この帽子は日焼けを防げる	＋	紫外線を99％カットすることがテストで証明されている
この水着を着ると泳ぐ速さがアップする	＋	オリンピックの公式水着と同じ素材
もし火事になっても桐のタンスは中身が燃えにくい	＋	桐は他の木材に比べて火のまわりが遅いという実験結果がある

●相手を動かすのは「説得」か「説明」か

　相手の心を動かすためには丁寧に説明する姿勢が大切だが、あまりにも必死になると説明が説得になってしまうことがある。

　たとえば、企画を通したいがために「客単価を昨年より２割アップさせるためには、この案で進めるべきです！」などと、意気込みたっぷりに語ってしまうと、聞いているほうは引いてしまうのだ。

　人は「説得されている」と感じると、自分の気持ちにブレーキをかけてしまう。とくに、決定権を持つ人は企画を進める際の予算と効果を冷静に判断しなくてはならない。

　そのため、まだ内容も把握していないのに、一方的に説得されるとかえって疑いを抱いてしまうのである。

　この気持ちにブレーキをかけるには「説得」でなく、「説明」が必要だ。「押してもだめなら引いてみろ」ではないが、人の気持ちは押しすぎると離れていくが、逆に引くとこちらに傾いてくる。

　だからこそ、自信のある企画ほど心を込めて説明をするといい。そうすれば、相手も一考したいと思うようになる。

　そうして相手が一緒に考える姿勢になったら、"一緒に仕事をしたい相手"として次につながっていくだろう。

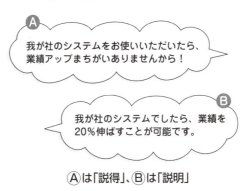

◎ 心が動くのはどちらのセリフ？

Ⓐ 我が社のシステムをお使いいただいたら、業績アップまちがいありませんから！

Ⓑ 我が社のシステムでしたら、業績を20％伸ばすことが可能です。

Ⓐは「説得」、Ⓑは「説明」

交渉力 ❷
要求をきいてもらう

●要求をきいてもらう2ステップ

　昨日決まったことが今日になって変更になったり、いきなり新しい課題が出されたり…。ときには、指示を受けたほうが「えっ？」とためらうようなことを伝えなければならないこともある。

　そんなときに、メールや書面だけで通達するのはNGだ。**文書で通達したうえで、さらに直接会って話し合う**ことが大切である。

　相手がためらうような指示や要求は、それを出すほうにも「申し訳ない」「相手の士気を低下させるのではないか」といった不安がある。

　だからこそ、顔と顔を突き合わせてその指示を言葉で伝えた方がいいのである。

　すると、指示を受けたほうは「理不尽だ」「なぜ今になって？」といった思いを抱いたとしても、相手の顔や表情、声などから、その指示を出さなければならない事情を察知することもできるからだ。

　人間は、言葉で伝えられる情報よりもはるかに多くの情報を表情や手ぶりなどから受けるものである。

　それを見れば、相手もこちらの立場を理解して要求を呑んでくれるはずだ。

Face to Faceだから気持ちが伝わる

●交渉をうまくまとめる「落としどころ」の決め方

　交渉術といってもいろいろあるが、なかでもプロのスポーツ選手が海外移籍する際に活躍するエージェントに学ぶことは多い。

　エージェントとは、選手と球団の間に入って契約の交渉にあたる仕事で、交渉に臨む前に何度も選手と打ち合わせを重ね、どうすれば好条件を引き出せるかを話し合うという。

　大切なことは、事前に自分の基本方針をしっかりと頭に入れておくことだ。そして、交渉相手の考え方も前もって理解しながら駆け引きすることである。両者が納得するように話を進めることで、交渉を成立させることができるからだ。

　また、そのためには交渉が終わった時点で、一応成功といえる目標点である「落しどころ」もあらかじめ決めておく。

　これ以上の結果を出せれば交渉はとりあえず成功ということになり、逆にこれ以下の結果であれば交渉を成立させてはならないという目安になるのだ。

　大切なのは、交渉をまとめる際には、けっして相手の損にはならないことを強調することが必要だ。

　自分たちだけが得をする形で交渉を終わらせようとすると、相手から恨まれてしまいかねないのだ。

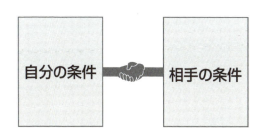

お互いの条件を吟味して〝落とし所〟を決めておけば交渉はうまくいく！

交渉力 ③ 交渉時の主導権を握る

●思い通りに相手を動かす「誘導」の手順

　効率よく顧客の望むものを提供し、商談を成立させる方法としては「オープンクエスチョン」と「クローズドクエスチョン」という２つの質問テクニックがある。

　まず**オープンクエスチョンとは、相手がいったい何を求めているのか、その漠然とした気持ちを聞き出すのに効果がある**。一方の**クローズドクエスチョンは、ＡかＢかどちらかを選んでもらいたいときに有効な方法**だ。

　そこでまず、店員と客のやりとりを例にとり、オープンクエスチョンで顧客のニーズを知ることから始めてみよう。
「どのような感じのものをお探しですか？」「買い替えですか？」などと、なぜ店に足を運んだのかを知るための質問をする。

　すると、「操作が簡単なものを探している」「今使っているのが重くて持ち運びづらい」などと、漠然とした答えが返ってくるはずだ。

　そうして、ある程度その客が求めているものが何かわかれば、あとはクローズドクエスチョンに切り替えればいい。
「このあたりの商品はいかがですか」といって商品を数点提示して、それぞれの優れた点や、ときには欠点も説明するのだ。

　具体的な選択肢を与えられた客は、よほどのことがない限り買わないという選択肢を除外するはずだ。

　オープンクエスチョンには、客自身が買い物に来た動機を再確認する効果もある。

　この再確認をしないでクローズドクエスチョンに入ると、「決められないのでやめておこう」ということになりかねないのである。

　オープンクエスチョンからクローズドクエスチョンへ、手順をきちんと踏めば商談の成功率はグンとアップするのだ。

●説得力を変える声の使い方

しかし、それでも成功率が上がらない場合は、話し方が説得力に欠けている可能性がある。

説得力のある人は、語尾に力をこめて発言をするものだが、その反対に説得力のない人は、「～だと思うのですが…」とか、「～のようです」のように語尾をあいまいにしがちになる。

「便利ですよ」「快適にお使いいただけます」と語尾を強調すると、語り口調が自然にリズミカルになってくる。

このような話し方は自分自身のモチベーションを高めることにもなり、同時に聞き手にとっても聞きやすいという一石二鳥の効果が生まれる。

だんだんとフェイドアウトしていくような語尾では、話し手がいったい何を訴えているのか、聞き手にはなかなか伝わらないのだ。

交渉力 ④ 会議の主導権を握る

●会議の主導権を握る「アジェンダ・セッティング」

期限のない仕事はない。もちろん会議の時間も限られているわけであり、参加者がそれぞれの議案を用意していても、とてもではないがすべてを議論する時間がないこともある。

そこで、もし会議でどうしても話し合っておきたい案件があるのなら真っ先に発言することだ。

進行役のあいさつが終わると、**一番に「まず○○について意見をうかがいたいのですが」と切り出せば主導権を握ることができる。**

これは「アジェンダ・セッティング（議題設定効果）」といい、**会話は提供された話題から始められやすい**ということを狙った方法である。

日本人はどちらかというと"口火"を切るのが苦手だ。「質問がある人は手を挙げてください」と言われても、積極的に挙手する人はあまりいない。

そんなスキを狙って堂々と議題を提案すれば、場を自分のペースに持ち込むことはさして難しいことではないのだ。

交渉力ドリル

質問①

お金がからむ交渉ごとをするときには、自分から先に具体的な金額を提示するのと、相手に先に出してもらうのとでは、どちらがいいでしょうか？

質問②

進めていた商談が不成立となりました。そのときの対応は？

質問①の答え
相手に先に出してもらう？ 相手に先に金額を提示してもらったほうがそれぞれを基準として、自分に有利な方向にもちやすくなります。

質問②の答え
次につなげるよう丁寧に対応する
こんなときは感情的になりがち。次につなげるように「今回は縁がなかった」として、今後とも次によろしくお願いします。のひと言を添えましょう。また、「お見積りに不満があったか」など、断られた理由を聞いてみることです。そして、最後に「無理を申し上げました」などのお礼の言葉を添えられたい。

雑談力 ①
会話の主導権を握る

●会話の達人になれる3つの「間」

効果的なトーク・テクニックのひとつに「間」がある。話の途中に一瞬、無言の状態になることで聞き手の耳目を自分のほうにグッと集中させるのだ。

しかし、ひと口に間といっても、ただ単に言葉をいったん遮断して空白の時間をつくればいいというわけではない。効果的な間にはちゃんと意味と目的がある。

まず、そのひとつが「了解を求める間」だ。

これは、これまで話した内容について聞き手がきちんと把握して理解しているかどうかを確かめ、「ここまではいいですね」と、了解を求めることが目的だ。とくに「ここは大事」というところで用いると効果的である。

次は、「期待させる間」である。

話が盛り上がり、聞き手の感情が高まってきたところで、わざと間を入れるようにする。すると、「次はどうなるんだ？」と聞き手の気持ちがますます高ぶる。

さらに、「余韻を与えて、印象深くするための間」もある。ひとつの話題が終わって区切りたいときや、話が盛り上がってちょっとひと息をつきたいときなどに、わざと「間」を入れるのだ。

話は平坦なままではつまらない。この「間」によって奥行きのある話にすることができるのである。

このようにタイミングをとらえ、相手の反応を見ながら、これぞ「話術」といえるものを会話の達人は持っているのだ。

会話の達人が使いこなす3つの〝間〟

3つの〝間〟	聞き手の反応
① 了解を求める〝間〟	話の内容を深く理解する
② 期待させる〝間〟	次にどうなるのか、期待が高まる
③ 余韻を与えて、印象深くするための〝間〟	話全体を反芻（はんすう）し、納得する

●話を一瞬で本筋に戻すテク

　話をしているうちに話題が脱線してしまったら、とりあえず口を閉じてひと呼吸入れるというやりかたもある。

　相手にどうしても伝えたいことがあるときや、思いを強く熱く語ると、つい話題が横道に逸れてしまったりする。

　そんなときにいったん沈黙し、「ようするに…」と本筋に戻せば、心を落ち着かせることができるうえ、自分の気持ちを立て直すこともできるのだ。

　聞いているほうも思わず「あれ？この"間"は何だろう？」と注意を引き寄せられるので、さらに話に集中することになるのだ。

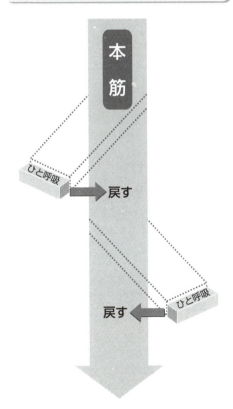

話が本筋からそれ出したら、ひと呼吸おいて戻す

雑談力❷ 会話を盛り上げる

●間違いなく相手が食いつく「話題」とは

　話題が途切れて会話が続かなくなる、面白い展開にならずお互いのテンションが下がっていく…。誰もが経験のあることだろうが、ビジネスの現場では、できればこのような状況は避けたいものだ。

　そんなピンチのときでも、間違いなく相手が食いついてくる話題がある。それが"失敗談"だ。

　「他人の不幸は蜜の味」というが、**人が失敗して恥をかいたり損をしたりした話にはつい興味を持ってしまう**ものだ。

　しかし、なぜ人は他人の失敗談に惹かれてしまうのだろうか。

　それは、自分自身でも同じような失敗をした経験があるからで、「ああ、自分だけではなかった。この人も同じような失敗をして、恥をかいたことがあるのだ」と安心するわけだ。いってみれば、「同病相憐れむ」とか「共犯者意識」に近い気持ちを抱くのである。

　当然、失敗をさらけ出した相手とは精神的な距離感も縮まる。沈滞していた会話のムードが明るくなるだけでなく、お互いの親密さも増してくるのだ。

　ネタとして自分の失敗談をいくつか"準備"しておくのは、けっしてムダではないだろう。

●相手を虜にする「話のツカミ」

　自分には、そもそも失敗談を面白おかしく人に話すほどの話術なんてないという人もいるだろう。そんな人は、「話のツカミ」を工夫するという方法もある。

　たとえば、当たり障りのない天気の話などが途切れてしまったら、「そういえば…」といきなり話題を変え、「○○さんはイヌ派ですか？ネコ派ですか？」などと質問してみるのだ。

　おそらく相手は、不思議そうな顔をしつつも「そうですね…」と考えて何かしら答えを返してくるはずだ。

　そうすれば、相手の頭の中はすでにイヌやネコのことに傾いているので、「何か飼ってらっしゃるのですか？」と振れば話が膨らんでいく可能性が高くなる。

　これを唐突に「何か飼ってらっしゃるのですか？」と始めてしまうと、心の準備がないから「はい」や「いいえ」で話が終わってしまうことがある。

　そのほかにも、「じつは私、ネコ派でして…」と打ち明け話をするように話し出す「告白型」や、「先日、変わったネコを見ましてね」と体験談を語る「ストーリー型」など、さまざまなタイプのツカミを用意しておけば臨機応変に対応できる。

　会話を盛り上げるうえで、話のツカミは思った以上に大切なのである。

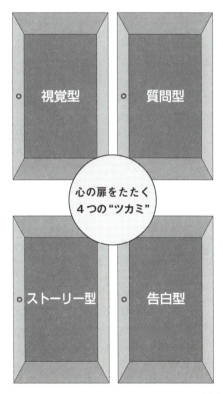

心の扉をたたく4つの"ツカミ"

視覚型／質問型／ストーリー型／告白型

雑談力 ③ 相手を飽きさせない話し方

●長話と感じさせない「3分ルール」

話をうまくまとめるのは一見難しそうに思えるが、じつは誰にでも簡単にできるコツがある。

それは、**ひとつの話を3分以上しない**ということだ。

たとえば、10分間のスピーチでも話題の一つひとつが3分以内にコンパクトにまとめてあると、**聞き手も飽きずに話に集中できるし理解しやすい**。

しかし、これが3分以上になると、往々にして同じような内容を繰り返しているだけになり、結局何が言いたいのかわからなくなってしまうのだ。

この「3分ルール」は、分厚い企画書を説明するときにも使える。たとえば、10項目ある企画書なら1項目につき3分以内にまとめる。

そうすると、説明全体にかかる時間は約30分だ。

少し長く感じるかもしれないが、ひとつの項目が3分でまとめられていたら、たとえ30分かかったとしても聞き手にダラダラした印象を与えることはない。

講演会などで長時間、聴衆を飽きさせずに話す人がいるが、このコツをうまく利用して聞き手の気持ちをつかんでいるのである。

雑談力ドリル

質問①
取引先を接待することになりました。さて、あなたなら何と言って声をかけますか。

質問②
初対面の人と２人きりで時間をつぶすことになりました。自分の趣味の話をしても、相手が興味を持ってくれず会話が続きません。どうすれば、会話を盛り上げることができるでしょうか。

質問①の答え
「今度、一度ご一緒させていただけませんか」。
収益を重視すれば「ご提案されるといかがでしょう」ですが、体がこちらということなので、NG。
一言、お誘いを申し入れた上で、相手に判断してもらうようにしましょう。

質問②の答え
相手の趣味について聞いてみましょう。「休日は何をされていますか？」「○○さんって、何かこだわりがありますか？」など、質問を重ねていくことで、相手のことがわかってきますし、自身の話題の糸口にしていくといいでしょう。

プレゼン力 ❶
メッセージが伝わる構成

●口下手でもテンポよく話せる
スピーチ原稿の作り方

　丁寧に話したつもりなのに、相手にはいまひとつ内容が伝わっていなくて反応が薄いとなると疲労感がどっと押し寄せてくるものだ。

　じつは、こういうパターンに陥る人には共通点がある。それは前置きが長かったり、話題が多すぎたりすることだ。

　たとえば、スピーチ全体の4割を前置きに使ってしまうと、それだけで相手の頭の中の容量は目いっぱいになってしまう。もっとも聞いてほしいところで、聞き手の集中力が途切れてしまうのだ。

　さらに、あれもこれもと話題を詰め込み過ぎると、どの話も中途半端に終わってしまい、内容もまとまりもないスピーチになってしまうことがある。

　話題が多すぎると「すぐ話が脱線する人」といわれかねないゆえんだ。

　そんな失敗を防ぐためには、**伝えたいことはできるだけ簡潔にまとめテンポよく話す**ようにするといい。

　そうすれば、自分が聞いてほしいことに耳をかしてくれるはずだ。

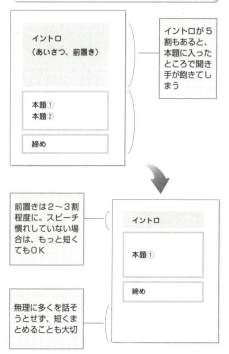

スピーチは詰め込みすぎないことが上達への第一歩

- イントロ（あいさつ、前置き）
- 本題①
- 本題②
- 締め

イントロが5割もあると、本題に入ったところで聞き手が飽きてしまう

- イントロ
- 本題①
- 締め

前置きは2〜3割程度に。スピーチ慣れしていない場合は、もっと短くてもOK

無理に多くを話そうとせず、短くまとめることも大切

●心をつかむ、スピーチ上手の共通点

　第44代アメリカ大統領のオバマ氏は黒人初の大統領として注目を集めたが、彼を一躍有名にしたのはやはり就任演説だろう。

　なぜ、彼の演説はアメリカ国民の心を動かしたのか。それは「明確なテーマ」があったからである。

　スピーチをするとき、「話し方のうまさ」が「スピーチのうまさ」に直結していると考える人も少なくない。

　しかし、それ以上に大切なのは「テーマが明確で、話がぶれない」ことなのである。どんなに話術に長けている人でも、テーマが見えなければ「口が達者な人」という印象だけで終わってしまう。

　同じくアメリカ人でノーベル平和賞を受賞したキング牧師もまた、半世紀経ったいまでも語り継がれる演説の名手である。

　彼の「I have a dream」（私には夢がある）という言葉が人々の心をつかんだのは、その夢が「人種差別撤廃」という確固たる主張を明確に表現しているからなのだ。

　彼らに学びたいのは、明確なテーマを持つということが、いかに人の心をつかむか、ということだ。これさえはっきりしていれば、迷いのないスピーチができるのである。

まずはテーマを明確にして情報の枝葉を伸ばす

```
            プレゼンのテーマ
         ／      │      ＼
      展開①  →  展開②  →  展開③  →  総まとめ
       │         │         │
     事例①    事例①    事例①
     事例②    事例②    事例②
```

話す力

プレゼン力 ❷
気持ちを落ち着ける

●一瞬でテンパった状態から抜け出す「決め動作」

　会議やプレゼンなど大勢の前で話していると、ふとしたきっかけで言葉に詰まったり、予定していた内容を抜かしてしまったりして、急に緊張感してしまうことがある。

　そんなときに、すぐに自分を取り戻すためには心を落ち着かせる"動作"を決めておくといい。

　たとえば、話すのをやめて深呼吸をする、ハンカチで額を拭く、マイクがあれば、そのマイクスタンドの位置を少しずらす、といった簡単な動作でいいのだ。

　講演会などでは、壇上に立って話し始める前に水をわざわざ何口か飲む人がいる。喉が渇いているのなら壇上に上がる前に飲んでくればいいのにと思うが、じつは、これもその人なりの緊張を抑える工夫であることが多い。

　また、腕時計を外して文字盤を見てから卓上に置いて、それから第一声を発する人もいる。これも時刻を気にしているのではなく、そうすることで「緊張感が抑えられる」というひとつの習慣になっているのだ。

　このように「自分はこの動作をすることによって落ち着く」という動きを決めておくといいだろう。

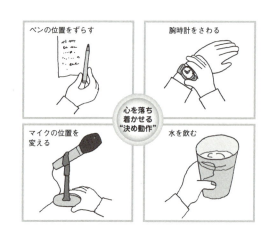

●プレッシャーを取り除くために「視線」に慣れる

　大勢の前に出ると緊張するアガリ症の人は少なくない。しかし、仕事となればそうともいっていられない。何とかして克服したいものだ。

　では、どうすればいいのかというと、ともかく人前に出る経験を重ねることである。

　といっても、いきなり大勢の前に1人で出ていき、プレゼンをするというのも無理がある。それよりも小さな経験を重ねて、少しずつでいいから慣れていく。単純だが、これこそが唯一にしてもっとも確実な方法なのだ。

　そのためにはまず、人が大勢集まる場所ではとくに用がなくても前のほうに座り、多くの人の視線を意識的に浴びるようにするといい。

　アガリ症の人は、それだけでも他人の目が気になってそわそわしてしまうものだが、背中に感じる人の視線に慣れるだけでもかなり意識が変わってくる。

　さらに、プレゼンをしている人にメモや資料などを届けなければならない状況をわざとつくり、壇上に上がるという体験をしてみることもおすすめする。

　これも大勢の視線が釘づけになるので、かなりプレッシャーになるはずだが、視線に慣れるにはいい練習になるのだ。

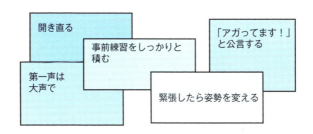

人の前でアガらないコツ
- 開き直る
- 第一声は大声で
- 事前練習をしっかりと積む
- 緊張したら姿勢を変える
- 「アガってます！」と公言する

プレゼン力 ❸ 聞き手を巻き込む

●視覚型、聴覚型、感性型…タイプに合わせるプレゼン術

　同じ内容をプレゼンするにしても、相手によってアプローチ方法を変えたほうが成功する確率が高い。理解のしかたは人によって異なるからだ。

　人が情報を理解するとき、大きく「視覚型」「聴覚型」「感性型」に分かれる。

　視覚型というのは、文字通り目からの情報に敏感なタイプの人のことだ。

　たとえば、「○○は△△に似ている」などと表現したりして物ごとを視覚的にとらえる。こういう人が相手の場合は、ただ言葉だけで内容を伝えるのではなく、フローチャートなどを使って視覚化して訴えるといいだろう。

　また聴覚型は、耳から受け取った情報への理解度が高い人を指す。ただし、そのぶん内容に矛盾点があったりするとすぐに突っ込まれるので、内容に筋が通っているか事前に十分確認する必要がある。

　そして感性型だが、こちらのタイプは第一印象や直感を重視する傾向が強い。ひらめきには長けているので、プレゼンの場では極力いい雰囲気をつくるのが大切だ。

　もちろん、この3つのタイプへの対策が同時にできていればプレゼンの完成度は高い。

　最終的にはそこを目標にしたいものだ。

プレゼンの相手がどのタイプかを見極めよう

視覚型
・情報を「絵」でとらえるタイプ
イラストや写真を使って視覚に訴えると効果的

聴覚型
・耳で聞いた情報への理解度が高いタイプ
理路整然とした説明なら納得させやすい

感性型
・第一印象や直感を重視するタイプ
感性に訴える演出されたプレゼンが効果的

●発表で終わらない！伝わるプレゼンテク

仕事のできるプレゼンターは、自分の世界に聴衆を引き込むのがうまい。

たとえば、用意された資料や映像は、自分が伝えたい世界観を補足して説明するためのものであって、あくまでも伝えたいことは自分の中にあるからだ。

このような自信あふれる態度が、聞く人の心を引きつけて離さないのである。

だが、ふつうのビジネスパーソンがプレゼンに臨むとなかなかこうはいかない。つい手元の資料に頼ってしまい、準備したスライドどおりの順序で滞りなく最後まで説明しようとしてしまうからだ。

そのため、説明に感情がこもっていなかったり、逆に感情を込めようとして演技のようになったりするのだ。

そこで「伝えるプレゼン」を実現するために、聞き手に参加意識を芽生えさせる工夫をしてみたい。

たとえば、小さな「問い」をいくつか用意して聞き手に問いかけるのだ。次いで「じつは、これは○○なのです」と種明かしをすると、参加意識を高めることができる。

聞き手を自分の術中にハメることができれば、そのプレゼンは盛り上がること間違いなしだ。

プレゼン力❹ 言葉に詰まらないために

●脳の「整理棚」を利用すれば、理路整然と話せる

完璧な準備をしてプレゼンに臨んだのに、先方の気持ちを動かすことができなかった――。

こんなときに振り返ってほしいのは、それは相手の理解度に配慮した内容だったかということだ。

自分がずっと温めていたことでも、相手にとっては初めて聞く話である。自分よりもずっと遅いスピードで情報を整理している可能性があるのだ。

人間の脳内には"整理棚"のようなものがあって、入ってきた情報をそれぞれ収めるべき位置に仕分ける作業が行われる。

まず、聞いた情報の本質を理解し、その情報をどこに仕分けるか判断する。そのうえで、自分なりに理解して整理棚にしまうのである。

ただ、この一連の作業には一定の時間がかかる。

仮に、話が3まで進んでいたとしても、相手がまだ1を整理していれば、その間に話した内容は伝わっていないかもしれないのだ。

これを防ぐには、**プレゼンの展開に脳内作業時間をあらかじめ組み込んでおくこと**だ。そのうえで、**時間がかかりそうな項目は意識的にゆっくり話したり**、ちゃんと**相手に伝わるように丁寧に説明する**のである。

何に関する話なのか、それが全体の中でどんな位置づけになるのかは、相手の脳内整理棚をイメージしつつ、折りにふれてフォローしていくといいだろう。

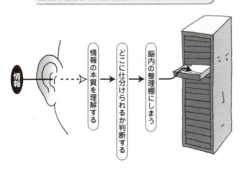

情報が脳内の"整理棚"に収納されるまで

●「映像化記憶法」でたちまちスピーチ上手に!

同僚の結婚披露宴でスピーチを頼まれた――。

人前に出ただけで頭がまっ白になってしまい、せっかく暗記した内容も出てこないくらいのアガリ症の人にとっては胃が痛くなる頼まれごとである。

しかし、そんな人でもスラスラとスピーチができる秘策がある。それが"映像化暗記"だ。

話したい内容のイメージを何枚かの絵に分けて記憶し、スライドショーのように順番に思い出しながら話すという方法だ。

スピーチの内容を「どんな場面で」「誰に対して」「どういう行動をとったか」など、数枚の映像にして分けて暗記するだけで、そう簡単には忘れなくなるのである。

しかも、原稿の丸暗記では棒読みになりがちだが、**映像にして記憶しておくと自然な口調で話せる**というメリットもある。しかも、それがうまくいくとアドリブもポンポンと出てくるようになる。

仕事の場でもおおいに活用したいテクニックである。

私が落ち込んでいるときにA君はだまって1冊の本を貸してくれました。その本を読んで私は…

プレゼン力 ❺
プレゼン後に行うこと

●「反省タイム」が次のプレゼンをつくる

　たとえ成功したビジネスであっても、じつは数々の失敗をして試行錯誤の末にたどり着いた結果である場合が多い。

　その過程には、反省があり、そして多くの教訓が含まれていることがわかる。

　プレゼンに関しても同じことがいえるわけで、次なる成功のカギはこの「反省」にあるといえる。

　そこで、プレゼンに失敗したときはもちろん、成功したときこそ、やりっぱなしにするのではなくプレゼンをしたメンバーを集めて振り返る時間を持ちたい。

　よかった点や悪かった点、改善したほうがいい点などを片っ端から出していくのである。プレゼン中の相手の反応など、自分では気づきにくい点を仲間に指摘してもらうのもいいだろう。

　しかも、それはできるだけ早くやってしまったほうがいい。時間が経ってしまうと人間の記憶は曖昧になり、細かなことは思い出せなくなる。

　翌日に１時間のミーティングをやるよりも、プレゼン直後10分間の"反省会"のほうが確実に次回に活かされるのだ。

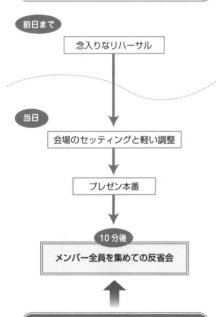

プレゼン本番と前後のタイムスケジュール

前日まで
念入りなリハーサル

当日
会場のセッティングと軽い調整

プレゼン本番

10分後
メンバー全員を集めての反省会

まだ記憶が新しいプレゼン直後に振り返り、メンバーの発言を記録し、次に活かす

プレゼン力ドリル

 質問①
プレゼンテーションのときに欠かせないのが話す内容をフォローする資料だが、資料の作り方として正しいものは次のうちどれ？

A　ページ数を余計に増やさないように1ページに盛り込める限りの情報を盛り込む

B　こちらの意図するところと異なって伝わる可能性があるので、図は多用せず文章を多くする

C　ページのレイアウトは「右から左」を心がける

質問①の答え…Cです

聞き手に理解してもらえるために、1ページに盛り込むものは1つのメッセージ（ワンテーマ）にしたい。また、あくまで話す内容の補足資料なのだから、視覚的に訴えるべく図やイメージを多用する。最後に、視線の流れは「右から左」が原則だ。

心理操縦力 ①
言いにくいことを伝える

●相手のやる気を左右する「＋」「−」の言い方

　部下が何か失敗をしたとき、主語を「君は…」「お前は…」などと二人称にすると、そのあとは「どうして〜したのだ」「〜するなんて何を考えているんだ」のように、相手を責めるようないい方をしてしまいがちだ。

　ところが、主語を一人称である「私は…」に変えてみると、あとに続く言葉も、「〜してもらいたい」「〜してくれると嬉しい」という具合に、自分の気持ちを率直に伝えるようないい方になる。これが俗に「マイナスの言い方、プラスの言い方」と呼ばれる言い方だ。

　「マイナスの言い方」になるときは、主語が自分以外の二人称や三人称になる。つまり、第三者の立場で言及する形になるため、無意識のうちに批判するような言葉になってしまうのだ。

　相手にしてみれば、たとえ非は自分にあるとしても否定的なモノの言い方をされるとしだいに不平や不満が募っていく。

　一方「プラスの言い方」の場合は、相手の思いやりを感じる。次は、前向きな気持ちで仕事に向かってもらうことができるのだ。

●相手のプライドを傷つけずに文句を言う方法

人は自分に対して否定的な言葉を浴びせられると、「なんだとぉ！」と反発心を持つものだ。

とくに第三者がいる前で「そんなこともわからないの!?」などと罵倒された日には、プライドを傷つけられ、それまで築いてきた信頼関係も崩壊しかねない。

また、「何度も申し上げましたが…」や「前のご担当者は〜してくださいました」という言い方も、バカにされていると受け取られることがあるためタブーである。

だからといって、不平・不満を抱え込んだまま仕事をするというのもストレスが溜まるものだ。言いたいことは、やはりきちんと伝えるべきだろう。

そのときにはとにかく否定的ないい方を避けるべきだ。

たとえば、わからないことは、「そのつど解決していきましょう」とか「慣れるまで時間がかかるとは思いますが…」などと、相手の自尊感情を傷つけないように話すことが大切である。

「文句」の「ストレスレベル」

「そんなこともわからないの？」
「ぜんぜんダメだね」

「前の担当者は〜してくださいました」

「何度も申し上げましたが…」
「前にも言いましたけど…」

「わからないことは、そのつど、解決していきましょう」
「慣れるまでに時間がかかると思いますが…」

心理操縦力 ②
相手を操る

●相手の「イエス」を引き出すテクニック

　1日の仕事が終わって帰ろうというときに上司から「すまないが、ちょっと手伝ってくれないか」と頼まれたら、「ちょっとだけなら」と請け負う人がほとんどだろう。

　そして数日後、同じ上司から「悪いけど、今日もちょっと手伝ってくれないか」と言われたところ、今度はかなり大変な作業を手伝わされるはめになった…という経験はないだろうか。

　ここでポイントとなるのは、「ちょっと」という言葉と、すでに一度手伝っているという事実だ。

　一度受け入れてしまうと、頼まれた人はその後もなかなか断わることができなくなる。なぜなら、以前は承諾したのに、今回断われば自分の行動に矛盾が生じると思ってしまうからだ。

　じつはこれ、「フット・イン・ザ・ドア・テクニック（一歩踏み込む法）」という心理テクニックなのである。

　最初は誰もが「イエス」と答えるような要求をしてOKをとり、そのあとで大きな要求をして相手を断われなくする方法なのである。

お願いするときは、〝メリット〟という手みやげと一緒に！

●上司に気に入られる「会話の質」の上げ方

　ところで、上司も1人の人間である。有能すぎる部下は競争社会に身を置く者にとっては脅威にちがいない。

　サラリーマンが直属の上司に嫌われたら、それだけでもう会社にいづらくなってしまう。そこで、頭が切れることをアピールする前に、まずは上司に気に入られる部下になることが先決だ。

　やり方は簡単だ。たとえ自分のほうが有能であっても、上司を立てて脇役に徹するのがルールである。

　たとえば、何か大きなプロジェクトを決行するかどうかを上司が決断できずにいるとしたら、「私ならこうします！」と自分の意見を押しつけるのではなく、「私はこう思っていますが、いかがでしょう？」と上司の意見を伺うような言い方をしてみよう。

　上司にしてみれば、有能で控えめな部下が自分の補佐をしてくれているようにとるだろう。

　また、ふだんからやたらと論理的な話し方で接するのも避けたい。自分がいかに切れ者かを見せつけていると思われかねないからだ。

　ある程度デキる部下だと匂わせつつも警戒心を抱かせず、人間的に魅力があると思わせればしめたもの。

　あとは、継続的に「並」の社員以上の成果を上げていけばいい。

心理操縦力ドリル

同僚とちょっとした口論になり、気まずい雰囲気になってしまいました。仲直りをしたいと思っていますが、どのように声をかけるのがいいでしょう？

次のふたつの文のうち、いい印象を抱くのはどちらですか。

① Aさんは知的でとてもまじめな人です。でも、気の強いところがあります。
② Aさんは気が強いところがあります。でも、とてもまじめで知的な人です。

質問①の答え
尊重に扱う

ふつう人はうまく声をかけられると、自分の存在を認識してもらえたと感じるものです。しかし、大人しすぎる態度でいられた相手の方は、また言葉をかけるのはむずかしいでしょう。「俺こそ悪かった」と言葉をかければ、たちまち仲良くなれることも。

質問②の答え
②の文

心理的な言葉が先にくるより、後にくるほうが第一印象が強く残ります。Aは最後に聞いた言葉の方が印象に残るため、批判的な言葉を後に言うと批判的な印象が記憶に残ります。

書く力

情報をインプットしても、それを整理して効率的にアウトプットしなければ意味がない。そこで力を発揮するのが、デキる人の「書く」力だ。

メモ力(めもりょく)

DATE

ナポレオンやエジソンがメモ魔だったことはよく知られている。メモは、書いた瞬間からインプットが開始され、同時にアウトプットがスタートする。新しい発想が湧き出るだけでなく、仕事の効率もアップする。ぜひ身につけたい、ひらめくための習慣だ。

企画力(きかくりょく)

DATE

企画に求められるのは、「独自性」と「発想力」だ。通る企画書には絵空事や理想論ではない、新しい"何か"が生まれる要素がある。企画書の作り方次第では、相手の気持ちをわしづかみにすることもできる一方、興味を失わせてしまうことにもなる。

ぶんしょうりょく
文章力
― DATE ―

ブログやSNSなど、いまは誰でも自分の意見や考えを文章にして発信できる。しかし、それが「伝わる」「読ませる」文章かというと疑問符がつく。「もっとうまい文章を書きたい」とは誰もが思うことだが、しかし、文才は必要ない。いい文章には法則がある。それは、単純だが「書く基本」がしっかりと抑えられていることだ。

てがみ・めーるりょく
手紙・メール力
― DATE ―

ビジネスでもプライベートでも、手紙やメールのやりとりは日常茶飯事だ。しかし、間違った書き方をしている人が少なくない。基本的な決まりごとやルールがあるし、それを無視すれば相手との関係にもヒビが入ってしまう。手紙やメールには気持ちや人柄、能力が現れる。どんな言葉でどう表現するか、セオリーさえつかめば達人になれる！

メモ力❶ 生産性を高める

書く力

●思考の混乱を招く「理屈」に惑わされない

インプットしたさまざまな情報は、自分のフィルターを通すと「考える力」を深めることができる。それをアウトプットするのに便利なのが、やはりノートである。

ところで、多くの人はノートを使うときに左端から右端まで文字で埋め尽すものと思っているのではないだろうか。しかし、そうするとページの左から右まで手を動かさなければならない。

そこでおすすめなのが、「縦分割法」と呼ばれる活用法だ。あらかじめノートの中央に縦半分に線を引いて左右を分割して使うのだ。

このやり方のメリットは、縦線を引くことで1行の長さを半分にして一度に目に入る文字量を増やせることだ。

しかも、書くスピードが上がることで、集中力も増して書きながら内容を理解できるようになるのである。

縦分割法のもうひとつの優れた点は、ノートを自分流にアレンジできることだ。つまり、ページを半分に分割するので左右を別々の用途で使い分けられるのである。

たとえば、左半分を会議用のノートとして使い、右半分はアイデア帳にしておいてもいい。読みやすさと書きやすさを追求すると、縦分割法は理にかなっているのだ。

ノートを縦に2分割すると書きやすく、読みやすい

●ノートが「資料」に変わる 1ページ目の使い方

　真新しいノートを買ったとき、まずどのページから使い始めるだろうか。ノートをムダなく使うために、裏表紙の隣の1ページ目から書き始める人が大半かもしれない。

　だが、書き終わったノートを資料や情報として保存したい場合は、最初のページからいきなり書き始めるのではなく、最初の1、2ページは白紙で残しておきたい。

　こうしておけばノートを使い終わったあとに"目次"をつくることができるからだ。

　目次とは本文中のタイトルを書き出したものだが、書籍でも雑誌でも冒頭に目次が設けてあるおかげで、読みたいページをすぐに探すことができる。

　そこで、ノートにも目次をつけてこれと同じ効果を狙うのである。

　もちろん、書籍のようにすべてのページにナンバーをふる必要はない。

　自分がとったノートはある程度内容を覚えているはずだから、本文のタイトルを順番に書き出しておくだけで十分なのである。

資料として使うノートには、必ず目次ページを作る

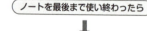

ノートを最後まで使い終わったら

1ページ目に戻ってタイトルを順に書き出す

メモ力 ❷
雑談をビジネスにつなげる

書く力

●雑談メモの取り方

　取引先の担当者の考え方やクセをよく知れば交渉を優位にすることができる。そのためには「雑談メモ」が役に立つ。雑談中に相手が発した何気ないひと言やキーワードを書き留めておくのだ。

　たとえば、オリンピックのような話題性の高い話になったときや、天気の話の流れで相手の趣味の話になったときなどに、相手はどんなことに興味を持っているのか、手元にある手帳の隅などにさりげなく書き留めておくのだ。

　こうして書き溜めたものをまとめておくと、次に会った際に相手が好む話題を提供することができる。こうして弾んだ会話の中から新たなアイデアが浮かぶということもあるだろう。

　また、担当者が何気ない発言をしたとしよう。

　このような、注意していなければ聞き流してしまうような小さな情報もしっかりとメモをしておくのだ。

　そして、次の打ち合わせのときにさりげなくその話題を出せば、かゆいところに手が届くと喜ばれるにちがいない。

　相手が発する言葉には自分の頭の中にはない発想がある。それをインプットすることで、**アウトプットの幅と深みが増す**のだ。

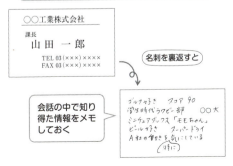

メモ力 ❸ 使えるメモの取り方

●資料に、アイデアに活かせる「Q&Aメモ」

ふと疑問に思う事柄に出会ったときには、調べた「結果」だけではなく、なぜ疑問に思ったかという「疑問点」も一緒にメモしておくようにするとあとで役に立つ。

たとえば、地球温暖化について「二酸化炭素ってそんなに温暖化を進めているの？」と疑問に思ったとしよう。ところが調べてみたら、メタンガスのほうが温暖化を進めているらしいことがわかった。

だが、「メタンガスが地球温暖化を進めている」という結果だけを書いてしまうと、読み返したときになぜこれをメモしたのかわからなくなってしまうことがある。利用価値の低い情報だと思って、捨ててしまう可能性もあるのだ。

そこで、ここに疑問点と結果を合わせて記入していれば、それをメモしたときの状況をすぐに思い出せるし、折に触れて情報を集めるきっかけにもなる。

疑問点を解決しようと情報を得ている過程で、新しいアイデアが生まれることは多いのだ。

メモ力 ❹ メモを最大限活用する

書く力

●情報を逃さないメモの残し方

過去の仕事のメモを見返したいのに、どこに何を書いたのか思い出せなくて探すのに苦労したということはないだろうか。

このようなムダをなくして、過去の情報をより効率的に利用するにはメモもデータ化するのが一番だ。その点、もっとも使い勝手がいいのはスマホのメモアプリだろう。

手書きのメモもデータ化して、スマホやパソコン、タブレットでも見られるようにしておくだけで、いつでもどこでもデータを閲覧したり、更新することができる。

訪問先の連絡先や担当者名だけでなく、そのときに進めていたプロジェクト名や、取り組むことになった経緯や結果もデータとして残しておきたい。

走り書きした企画のアイデアや調査データなどもメモしておけば、仕事の参考になることもあるはずだ。

また、何かを思いついたときにすぐに書き留められるようにアナログの筆記セットも用意しておきたい。

カバンの中だけでなく、自宅のソファの横やベッドサイド、トイレなどにも紙とボールペンを置いておくのだ。

こうした走り書きのメモもスマホで撮影して保存しておけば、簡単に取り出せる"マイ資料庫"ができるというわけだ。

ボールペンと紙があると便利な場所リスト

☑	カバンの中	☐	洗面台
☐	ジャケットやコートのポケット	☐	ソファーのそば
☐	玄関	☐	パソコン机
☐	トイレ	☐	車のダッシュボード
☐	寝室	☐	灰皿のそば
☐	キッチン	☐	ダイニングテーブル

メモカドリル

面白いアイデアが浮かぶのは、何も机に向かっているときだけではない。いざというときのために、アイデアを書き留めるメモ帳はひと時も手放したくないものだ。そんなメモの書き方として理想的なのはどっち？

A
効果的なプロモーションは？
↓
ブログを立ち上げる
・女性視点
・キャラクターも登場して親しみやすく

B
4/20、19：30、カフェにて
クライアントからTEL
「新商品のプロモーションを検討」
↓
女性向け媒体の空き枠を
　　　　　　　カクニン

答え…B

どちらも簡潔な内容ですが、聞いていた原因と日時や場所などをちゃんとメモに留めているBのほうがアイデアをふくらませるのに用立てます。そこからアイデアはさらに膨らむものです。

企画力 ❶
通る企画案の法則

書く力

●「目理方結」の法則を使うと格段にわかりやすくなる

　まだアイデア段階でしかないのに、目の前に数十ページにわたる分厚い資料がドンと置かれたとしたら、それを読みたいと思うだろうか。ほぼ間違いなく、ヤル気をそがれるはずだ。

　企画案は枚数が少ないほどいい。できれば、A4用紙1枚程度に収まればベストである。

　では、1枚に収めるためにはどのように文章を組み立てればいいのだろうか。じつは、企画案にうってつけの書き方がある。それが「目理方結」の法則だ。

　これは「目的、理由、方法、結論」を合わせた造語で、企画案にはなくてはならないこの4つの項目を順を追って書いていけば、長々と文章を書き連ねる必要はない。

　それぞれの項目に従って要旨を簡潔にまとめ、文章もできるだけ短くする。もし書き足りないことがあったら、提出するときに口頭で補足すればいいのだ。

簡潔にまとまった企画案の書き方のポイント

- 目 ……「目的」（企画の目的、意図）
- 理 ……「理由」（なぜ、この企画がいいのか）
- 方 ……「方法」（どのように実施するか）
- 結 ……「結論」（どのような効果が得られるか）

●企画書に必ず入れるべき「デメリット」

　企画書をつくるとなると、どうしてもそれを通したいあまりに「企画の長所」や「成功した場合のメリット」ばかりを強調しがちになる。

　しかし、ビジネス経験が長い人ほど、どんなにすばらしい企画にもデメリットもあるということを知っている。

　いざ、プレゼンでいいところばかり強調したところで、「じゃあ、こういう場合はどうするんだ」とツッコまれ、「きれいごとを並べただけの穴だらけの企画」と評価されるのがオチなのだ。

　そうならないために、企画書にはメリットと一緒に最初からデメリットやネガティブな情報も盛り込みたい。その両方がきちんと書かれていてこそ「企画」として現実味を帯びてくるのである。

　たとえば、メリットは具体的な数字を挙げて、どういった人から、どんな反応が予想できるかを過去のデータなどをもとに書いておく。

　反対にデメリットやリスクが考えられる場合でも、「この戦略が当たらない場合は、売上に○○な影響が出る」「○○層に対してはイメージダウンになる可能性もある」というように、予想できることをできるだけ具体的に盛り込むと同時に、その対応策についてもコメントしておくといいだろう。

　企画書に求められているのは、空想の話ではない。あくまでも利益を上げることを前提とした「現実の話」である。

　デメリットについてもしっかりと言及されていれば、分析力と客観性に優れた企画として評価されるはずだ。

デメリットを話の最後にするのはNG

① デメリット → ② メリット ＝ メリットが強調される！

企画力 ❷
説得力が増す企画書

書く力

●自分で探し当てた言葉を使う

　企画書を書くことに慣れていないと、どうしても体裁を整えることばかりに目がいきがちだ。

　文面にもどこかで読んだことのあるような言葉ばかりが並び、過去の企画書を切り張りしたようなものになってしまう。

　しかし、それではオリジナリティが感じられないばかりでなく、伝えたいことがうまく伝わらない。その結果、いくら提出しても通らない企画書になってしまうのだ。

　「そんなことを言っても文章を書くのは苦手だから…」という人は、**ここぞという「キメのひと言」くらいは自分の言葉を使うようにし**たい。

　いかに売上げアップにつなげるか、認知度を高めるかなど、企画のテーマについて何時間も何日も考え続けていると、あるとき「これだ！」という言葉が浮かんでくる。

　それを企画のキーワードとして使うだけでも企画書の鮮度はかなり高くなる。

　そこに、うまくビジュアルを組み合わせれば、説得力はさらに増すのだ。

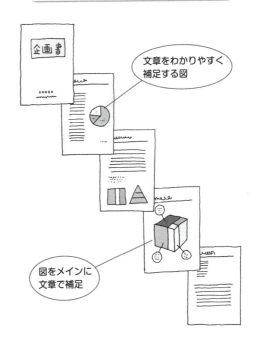

文字と数字を6：4くらいにするとすっきり見える！

文章をわかりやすく補足する図

図をメインに文章で補足

●企画書をスッキリ見せる色と図の使い方

　企画書をさらに魅力あるものにするためには、見た目の工夫も必要だ。

　文字や数字ばかりがぎっしりと並んだ企画書では、無味乾燥な感じがして飛ばされて読まれたり、斜め読みをされてしまうからだ。

　そこで効果的に使いたいのが、色使いや表、グラフである。

　強調したい部分に色文字を使ったり、カラフルな表やグラフを使うことは多くの人がやっているが、ここでもおきまりのブルーと赤色、黄色などを使うのではなく、**企画の内容に合わせてニュアンスのある色味に変えてみたりする**のだ。

　同じ青でもトーンはたくさんあり、夏をイメージさせる青があれば冬の青もある。秋のキャンペーン企画をつくる際には、秋っぽいニュアンスの色使いにするなど工夫してみたり、文字だけではイメージを伝えにくい場合には、絵や図を添えればさらによくわかる。

　とはいえ、あまりにも凝り過ぎて図やグラフばかりの企画書になって本末転倒になる。**文字と図は６：４くらいになるようにして**、バランスのいい紙面をめざそう。

絵があると違いは一目瞭然になる！

ワイヤーの先端を丸くし、紙のひっかかりを解消しました。	今回、商品化を進めたいクリップは、従来の改良型で、その特長は紙をはさむときのスムーズさにあります。ワイヤーの先が丸まっているため、紙のひっかかりがなく、どちらからでも留めやすくなっています。

企画力❸ 企画書の書き出し

書く力

●相手を引きつける企画書の「ツカミ」

　タイトルは企画書の"顔"である。表紙に、「新ビジネスパーソン向けグッズの販促企画」とか「地域再生タイアップ展開についてのご提案」といったタイトルがついていたら、どんな内容なのか理解できるが、しかしこれでは味も素っ気もなく、読み手の心をつかむことはできない。

　では、読み手により強い興味を持ってもらうにはどうすればいいか。

　商品の宣伝には、イメージを伝えるキャッチコピーがある。

　たとえば、いまや日本が世界に誇る洗浄機能付きトイレが登場したときのキャッチコピーは「おしりだって、洗ってほしい」だった。

　このような短い言葉から思い起こされるイメージ効果を企画書のタイトルに使えば、食いつきが俄然よくなる。

　そこで「新ビジネスパーソンの三種の神器！　○○の全国販売ルートの構築」とか、「○○生産日本一のわが町と東京都とのタイアップ企画のご提案」といったように、「この企画で何がどう変わるのか」という点をアピールしたタイトルにすると、企画自体に躍動感が生まれてくる。

　タイトルには企画の意図や主旨をより明確にし、内容に一貫性を持たせるという役割もあるのである。

　さらに、書き出しから相手に興味を持たせる方法として有効なのが、インパクトのある切り出し方で迫るという方法だ。

　たとえば、「洗濯洗剤は花の香りでなくてはならないのでしょうか？」と1行目に書かれていたら、「おや？」と興味を持つのではないだろうか。

　誰もが当然と考えていることを覆したり、不都合だけどそういうものだと諦めていた点を突いたりすると、「そういえば、そうだよな」と同意や共感を呼ぶ。

　企画書には、そんな相手を惹きつける書き出しに知恵をしぼりたい。

企画書の「つかみ」は相手を想定して書く

企画力ドリル

質問①

プレゼンテーションや講演で、最初のひと言で相手の関心をひきつけるのを「ツカミ」というが、その方法にはどんなものがあるだろうか。

質問①の答え ス……ストーリー型、身近な話、質問型、時事型、挑発型など 物語のように話し始める「ストーリー型」、自分の経験を打ち明けるように始める「告白型」、一首、米題とはかけ離れたところから始める「意外型」、モノや写真を見せて説明しながら始める「演算型」、挑戦型などがあります。

文章力 ❶ ポイントが伝わる文章

●わかりやすい文章は「起承転結」より「起結承転」

　文章の基本は「起承転結」といわれるが、じつはこれはどんな場合にも当てはまるとはいえない。

　むしろビジネスの現場では、起承転結を使うと逆効果になることがある。なぜなら、最も重視される結論が最後になるからだ。

　そこで、起承転結ではなく「起結承転」で書くようにしたい。

　たとえば、残業時間を削減するための職場環境の改善について書くのであれば、まず「起」で「社員の平均残業時間が〇〇時間である」「仕事の効率を妨げているものは何か」などの「問題提起」をし、そのあとすぐに「残業時間削減のために無駄な会議をやめる」といった「結」である「解決策」を書いてしまうのだ。

　そして、「承」にあたる部分で「有名無実化した定例会議が多すぎて仕事の妨げになっている」などの「理由」を述べ、最後に「転」として「定例会議をやめることで生じる問題点」などの「課題点」を指摘すると、この文章で最も訴えたいポイントがはっきりする。

　状況や内容に応じて「起結承転」のテクニックを柔軟に取り入れてみてほしい。

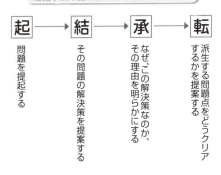

起結承転で書かれた文章は理解しやすい

起 → 結 → 承 → 転

- 起：問題を提起する
- 結：その問題の解決策を提案する
- 承：なぜ、この解決策なのか、その理由を明らかにする
- 転：派生する問題点をどうクリアするかを提案する

●長い文章をスラスラ書くときの「コンテメモ」

　長い文章を書くのが苦手な人は、文章の構成を考えることが苦手な場合が多い。

　もともと構成がしっかりしていないから、書いているうちに話が本論から逸れてしまったり、途中で何が言いたいのか自分でもわからなくなってしまうのである。

　そこで活用したいのが、「コンテ」だ。

　コンテとは、映画やアニメなどの映像作品を作るときに使われる4コマ漫画のようなもので、シーンをコマ割りにして全体の筋書きや流れがわかるようにしたものだ。

　そこで文章を書く前にはまず、「文章の中に入れたい要素の数＋2」のコマをつくる。

　たとえば3つの要素を入れたいなら5つのコマをつくり、まず1つ目のコマに「序文」、2つ目から4つ目までに3つの要素、最後に5つ目に「締め」と書き、おおざっぱな文章の骨組みを決めるのだ。

　さらに、各コマに自分が書きたいと思っていることを箇条書で書き出していく。

　これをもとにして文章を書き進めていけば、話の筋がズレたり、途中で何がいいたいのかわからなくなるということを克服できるのだ。

　コンテもなしに長い文章を書くのは、地図のない長旅をするようなもの。コンテという水先案内があれば途中で道に迷ったりすることなく、無事に目的地にたどり着けるだろう。

まずは文章をコマ割りにしてみる

- 序文
- 締め

1つ目と最後のコマの内容は基本的に変わらない

自分が書きたいと思っている内容を箇条書で書き出す

文章力 ❷
ポイントがブレない文章表現

書く力

● 「主語」と「述語」は近いほど読みやすい

「私は、姉がプレゼントには何が欲しいかと聞いたので、子ども用の優しい素材でつくられた服が欲しいと答えた」

　この例文がなぜわかりづらいのかといえば、「主語と述語」と「修飾語と修飾される言葉」が離れすぎているためである。

「私は」と「答えた」、「姉が」と「聞いた」の位置を縮め、「プレゼントには何が欲しいかと姉が聞いた。子ども用の優しい素材でつくられた服が欲しいと私は答えた」とすれば、すっきりとする。

　また、例文では、「子ども用の」という修飾語が「素材」にかかるのか、「服」にかかるのか判然としない。

「素材」にかかるなら「子ども用の優しい素材によってつくられた服」となり、子ども用の素材でつくられた大人の服とも受け取れてしまうのだ。

　一方、「服」にかかるなら「子ども用の」と「服」の距離を縮めて、「優しい素材でつくられた子ども用の服」とすれば、欲しいのは子ども服だとはっきりわかる。

　何気なく使ってしまいがちな修飾語だが、誤解を招いてトラブルにつながることもあるから要注意だ。

　また、否定文も相手に誤解を与えやすい。

　たとえば、出欠の確認メールに「出席できません」と書いて返信するとサッと目を通したときに「出席」だけが記憶に残ってしまい、出

「主語」と「述語」が遠すぎる
「私は、姉がプレゼントには何が欲しいかと聞いたので、子供用の優しい素材で作られた服が欲しいと答えた」

子供の服？　　大人の服？　　どちらにもとれる表現

席するのだと勘違いされることがある。

このような場合は、「～できません」と否定文を使うのではなく、「欠席します」と書くことで勘違いを未然に防ぐことができるのだ。

文章化したときに勘ちがいされやすい表現

× 〇

「出席できません」→「欠席します」

「実施されません」→「中止になります」

「喫煙できません」→「禁煙です」

など

●文章を読みにくくする表現

　文章の意味をわかりにくくさせている原因のひとつに、語尾の曖昧さがあげられる。

　語尾が曖昧だと言いたいことの半分も伝わらず、読み手を混乱させてしまうだけだ。「～のようである」「～することができる」「～とするものである」といった終わり方はできるだけ避け、「～である」「～できる」「～とする」と断定的な表現を用いたい。

　だが、もちろん断言できない場合もある。

　そういうときは「～と考えられる」ではなく、「私は～と考える」とすれば、書き手の意図がしっかりと伝わるはずだ。

　曖昧な表現をできるだけなくしていけば、こちらの意図は相手に確実に理解されるはずだ。

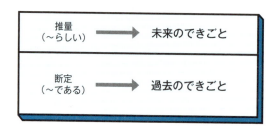

「推量」と「断定」の使い分け

推量（～らしい）→ 未来のできごと

断定（～である）→ 過去のできごと

文章力 ❸ 読みたくなる書き方

書く力

●読んでもらえる文章に入っているもの

　事実を説明する文章を上手に書くのは難しい。状況を丁寧に説明しようとすればするほど「～がありました」とか「～でした」などの語尾が続いてしまい、どうしても単調な文章になってしまうのだ。

　そこで、報告書などを書く場合には、最初の一文に"予告"を入れるようにするといい。

　たとえば、「思いがけず感動のイベントとなった○月○日の新春キャンペーンについてご報告いたします」などの一文から始まっていれば、読んでみようという気持ちを起こさせることができる。

　映画でも、予告編でインパクトのあるシーンを観て興味を持つから本編を観ようという気になるのであって、予告がなければ知識も興味もない人をわざわざ映画館に足を運ばせるのは難しい。

　同じように、文章の場合もどれほど面白い内容かがわかる一文が1行目にあれば敷居はグッと低くなる。

　どんなに長文であっても、とっかかりをつくれば読ませることができるのだ。

　また、「お知らせ」や「アンケート」など、社内で回覧する文書やメールの閲覧率を上げるためには、冒頭に「読むメリット」を感じさせる"ひと言"をつけ加えておくという手もある。刺激的な一文を考えてみよう。

「お願い」にはメリットを感じさせるひと言を！
あなたの意見で会社をもっとより良く！
社内アンケートのお願い

わが社の飛躍に貢献しよう！
○周年パーティ実行委員募集のご案内

読まないあなたはソンをする?!
「社長をうならせたら50万円」大賞のお知らせ

最初の"予告"で読みたい気持ちにさせる
思いがけず感動のイベントとなった○月○日のイベントについてご報告いたします。

報告書

文章力ドリル

ふだんの会話でよく使われる言い回しには、間違った意味で使われているものも少なくない。では、次の2つの文章で使い方が間違っているのは？

A 気のおけない仲間とリラックスした時間を過ごす
B 気のおけない人ばかりでリラックスできない

同じく、次の2つの文章で使い方が間違っているのは？

A 休憩する間も惜しまず資料を仕上げた
B 休憩する間も惜しんで資料を仕上げた

質問①の答え…B
「気のおけない」とは、気を遣う必要がないという意味。

質問②の答え…A
「惜します」ではなく「休憩する時間を惜しんで」というように、文章として成立します。

手紙・メール力 ①
トラブルの元をつくらない

書く力

●トラブルをなくす表現

　読む人によって解釈が異なってしまう文章はトラブルを招くもとになる。

　たとえば、「方法としては比較的簡単なAと多少手間がかかるものの効果的なBがありますが、それによって得られる効果は…」と書いてあると、「それ」はAかBか、それともAとBの両方なのか判断がつかない。

　文章の体裁を整えようとして「それによって」などの言葉をむやみに使うと、読む人をますます混乱させてしまうのだ。

　また、「こちらを選択したことによってこういう結果になってしまった」などの「こちら」「こういう」などの言葉も、よほど注意しなければ読んだ人によって受け取り方が変わってくる。

　同様に、「話す」のような多義的な意味を持つ動詞も具体的な言葉に置き換えるといい。「彼は話せる人だ」では、外国語を話せる人とも、話がわかる人とも受け取れる。「上司に話しておきます」も、「報告」するのか「相談」するのか相手には伝わらないだろう。

　前後の文脈から判断してくれるだろうと過信していると、大きなトラブルにつながる可能性もある。できるだけ具体的な言葉に置き換えることが大切である。

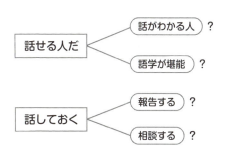

さまざまな意味にとれる言葉は具体的に表現する

●エンドレス返信をなくすメールの書き方

「メールでのやりとりは、何度も返信をしなくてはならないから面倒だ」と思っている人は、一度自分のメールを見直してほしい。

たとえば、「Aプランで仕事を進めていいですか？」というメールが来たとする。それに対して「Aプランでもいいですが、Bプランも捨てがたいです。いかがでしょうか？」などと、相手の質問に対して質問で返すような返信をしていないだろうか。

このように返信すると、さらに相手からの返答を待たなくてはならず、その文章にまた質問が含まれていれば、こちらもまた返答する必要が生じてくる。

これでは堂々巡りになってしまうのは目に見えている。

このような問題を改善するには、相手の質問には質問で返さず、YESかNOで返事をすることだ。

まず、返信を書く前にしっかりと相手のメールに目を通し、相手の質問の意図を考えてから返信を書く。

冒頭の例でみると、相手はおそらくAプランで仕事を進めたいのだと推測できるから、「AでOKです」とYESの返事をするか、「AではなくBでお願いします」とNOの返事をするかでいい。

そうすればやりとりは1～2回程度で済み、誤解が生じにくくなるのだ。

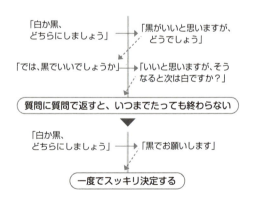

手紙・メール力 ❷
心をつかむ

書く力

●印象に残るメールタイトルのつけ方

　メールを送る場合、タイトルはできるだけきちんと書きたいものだ。なぜなら、タイトルは重要なアピールポイントになるからである。

　多くの人はメールを受け取ったとき、まず発信者とタイトルを見る。この２つの情報から、そのメールがどんな内容かを予測するわけだ。

　そこで、タイトルのつけ方を工夫して「これは重要なメールだ」と思わせることができれば、相手もそのつもりで読んでくれる可能性が高くなる。レスポンスも格段に早くなるはずだ。

　タイトルは「○○の件」といった書き方でもいいが、「明日の○○の待ち合わせ場所について」とか「○○のスケジュールのことで」など、なるべくピンポイントな情報をタイトルに書き込むといい。

　そのほうが、しばらく時間をおいて見返す場合にも、タイトルを見ただけでメールの内容がわかるのでより親切である。

　また、急いで相手に伝えたいことがある場合には「緊急！」や「すぐにメールを見てください」というように、急を要する用事であることをタイトルに活かすといい。

　タイトルが平凡だと「今は忙しいから返信は後にしよう」と、その場で本文が開かれない場合もあるから注意しよう。

必ず読んでもらいたいメールは「タイトル」を工夫する

●急ぎの用件を送るとき
> 【至急！】○○の件、ご確認ください

●重要な用件を送るとき
> ■重要■　○○イベント企画決定案

●必ず返信してもらいたいとき
> ○○の件について（※ご返答をお願いします）

●好感度を上げる「締めのひと言」

　ビジネスメールで大切なことは、わかりやすく的確な文章を書くことだ。簡潔に「要点だけをまとめる」ことを心がけたい。

　そのためには一文をダラダラと長くせず、多くとも50字以内におさめるのがポイントだ。文が長くなってしまった場合は、2つに区切ったり、不要な言葉を削って文章をコンパクトにするようにしたい。

　また、パソコンのメールの場合は、改行をしない限りどうしてもダラダラと横に文章が伸びてしまう。これは読みにくいので、こまめに改行するなどの工夫をするといいだろう。

　さらに、メールの内容が「報告」「連絡」「相談」、いわゆるホウレンソウのどれに当たるかという区別も念頭において書くと、相手にとってさらに理解しやすい文章になる。

　変に礼儀にこだわって長文になり、伝えたい点がぼやけてしまっては本末転倒だ。もし、ビジネスライクすぎて心配だという場合は、最後に自分らしさが出る一文をつけ加えるといいだろう。

仕事がデキる人の「締め」の一文（例）

●期限を設定しない場合
①お忙しいところ恐縮ですが、ご連絡をいただけますと幸いです。
②お手数ですが、ご返答をいただけますようお願い申し上げます。

●期限付きで返事が欲しい場合
①お忙しいところ恐縮ですが、○月○日（水）までにご連絡をいただけますと幸いです。
②お手数ですが、○○の件につきましては一両日中に、至急ご返答をいただけますようお願い申し上げます。

手紙・メール力 ③
確実に読んでもらう

書く力

●どうしても伝えたい情報があるとき

「これだけはしっかりと伝えておきたい」という内容は、文章中にそのことを2度、書くようにするといい。

しかし、まるっきり同じ言葉を繰り返し使うと「くどい文章」になってしまう可能性がある。そこで「表現を変えて2度書く」テクニックをマスターしたい。

たとえば、打ち合わせの日程を相手に間違えてほしくない場合、まず文章の最初のほうで「次の打ち合わせは6月15日の10時でお願いします」と書き、再び最後にも「では、来週水曜日の10時にお待ちしております」と、表現を変えて書くのである。

くどくしないためのコツは、位置をできるだけ離して書くことだ。とくに短文のメールの場合は、何度も繰り返していてくどいと思われないように必ず表現を変えたほうがいい。

また、報告書や企画書などで結論を強く訴えたいときも、最初と最後に結論を二度書くべきである。

最初に「私の意見はこうです」と結論を示しておくと、相手はそれをふまえて文章の続きを読むことができる。

そのうえで、再び最後に「最初に述べたとおり、私はこう考えます」と念を押すと、伝えたい内容を相手に刷り込むことができる。

2度繰り返すときは表現を変えるとくどくない

- 日時は○月○日×時です。
  → では、○月○日×時にお待ちしております。

- 私はこう考えます。
  → 先に述べた意見をご考慮いただけましたら幸いです。

- ○○氏より〜というご意見をいただきました。
  → 上記のご意見を反映した解決策をお願いします。

など

手紙・メールカドリル

質問①

上司に企画書をメールで送るとき、返事が欲しいことを伝えたいのだが、メールの結びの文として適当なのはどっち？

A

お送りした企画書ですが、
お時間のあるときで結構ですので、
お返事いただけると幸いです。
お忙しい中恐縮ではございますが、
よろしくお願いいたします。

B

お送りした企画書ですが、
お返事は来週の火曜朝までにいただけると幸いです。
お忙しい中恐縮ではございますが、
よろしくお願いいたします。

質問①の答え…B

ビジネス上司でも仕事に期限をもうけることが大事。そうしないと、漫然と仕事に対しても迷惑を被りかねない。「いつまでに」メールで意志を示すことがマナーなのです。

 # 伝える力

インプットの量を増やしても、それを効率的にアウトプットできなければ意味がない。相手が思わず納得する、人間関係が変わる伝え方とは？

しつもんりょく
質問力

DATE

自分の思い通りの結論に導くには、聞く力、つまり質問のしかたが重要なファクターになってくる。よく「話し上手は聞き上手」などというが、たしかに話がうまい人は、質問のしかたもウマい。話し方に少し工夫をするだけでも、面白いほど相手との交渉がうまくいくようになる。

回答力
かいとうりょく
DATE

ビジネスパーソンにとって「質問力」と同じくらい大切なのが答える力だ。よくいわれるのが、返事のしかたひとつでそれまでの人間関係が変わることだ。たとえば、回答の内容しだいで売り上げの成否が決まることも珍しくない。じつは、TPOに合わせた対応にはコツがある。デキる人は失敗して、後悔しないための回答力を持っている。

好感力
こうかんりょく
DATE

ビジネスの人間関係の良し悪しは、ときに死活問題となる。それほど良好な人間関係を保つことは重要なのだ。だからこそ、相手に好印象を与えるちょっとしたひと言や立ち居振る舞いには気を配りたい。「感じがいい」といわれる人の話し方や接し方には、相手を飽きさせない魅力がある。

質問力 ①
相手の本音を引き出す

伝える力

● その気にさせる「質問重ね」テク

　モノが売れない時代にあっても、しっかり売って成績を上げているエース級の営業マンは少なからず存在するものだ。では、ふつうの営業マンと彼らは何が違うのだろうか。

　違いのひとつとして挙げられるのが「質問力」である。

　たとえば、家電量販店に行ったとしよう。新型テレビの機能をチェックしたいのだが、どうしても今日買いたいわけではない。

　すると、テレビの前で考え込んでいるあなたに店員が話しかけてくる。

「これ、出たばかりで性能もいいですよ」

「そうですか…」

　これだけの会話では購入する気にはならないだろうが、「ふだんはどのような機能を使うことが多いですか？」「予算はどのくらいですか？」などと聞いてきたらどうだろう。

「そうだな…」と具体的に考え始めるのではないだろうか。

　つまり、できる営業マンが持つ質問力とは、相手のニーズを的確に聞き出して、なおかつ"その気にさせる"能力のことなのだ。

　もちろん、質問攻めにして嫌がられることもあるだろうから、相手の反応を見ながら、どうすれば乗ってくるか、質問の精度を高めていく努力をしたい。

うまく質問を重ねると相手の本音が引き出せる

どんなタイプをお探しですか？
いえ、特には…
この製品などは気になりますか？
そうですね
どんな映像をよくご覧になりますか？
ＤＶＤで映画とか
映画でしたらこの商品などはいかがでしょうか？

← ここから商品説明を開始！

201

●不安げな相手を安心させる「質問返し」テク

　外国の車を扱うセールスマンが、客から「外車ってメンテナンスが大変らしいってほんと？」と質問を受けたとする。

　このとき「いえ、大丈夫ですよ」と簡単に答えてはならない。なぜなら、「でも、故障したら部品を取り寄せるのに時間かかるって聞くけど…」と、続けて質問してくるかもしれないからだ。

　ようするに、「外車は故障すると修理に時間がかかる」「部品も取り寄せになると国産車より高くつく」という点に客がこだわっているのだなと即座に感じとるべきなのである。

　こういうときは、「毎日、通勤で乗られるのですか？」と、逆に小さな質問をするといい。

　もし「いや、土日の休みにドライブするくらい」という答えなら、「うちの営業所は土日もエンジニアが数人待機しているので、故障してもご連絡いただければすぐ対応できますよ」と答えてあげればいい。

　このように「ビッグ・クエスチョン」（大まかな質問）を受けたときには、「スモール・クエスチョン」（細かい質問）をすることで、相手の本音を引き出して安心させることができるのだ。

ビッグ・クエスチョンには
スモール・クエスチョンで答えよう！

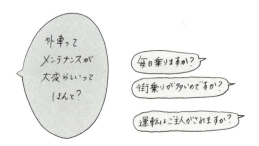

質問力❷
「いい質問」をするために

伝える力

●トンチンカンな質問に陥らない「聞き方」

国会の質疑応答などを見ていると、明らかに質問の内容と答えが食い違っていて、はぐらかそうとしているのがみえみえな場面がある。

ところが、なかには「その質問自体がトンチンカンでは？」と思わざるを得ない場合も多い。

ビジネスでもこういう場面はときどき見受けられる。同じ話題を共有しているはずなのになぜか会話が噛み合わないのもさることながら、それが言った言わないの原因になったりするのだ。

このような場合は、たいていどちらかが相手の話をよく聞かないタイプだったりするものだ。

自分の頭の中だけで物ごとを考えているから、マト外れな質問ばかりをしてしまい、話が進まないのである。

このことを踏まえると、マトを射た質問をするためには、相手の話をまずしっかりと聞くことが大事だということがわかる。

そうすれば、少なくとも自分だけの思い込みや勘違い、誤解などによって生じる問題点を回避することができるのだ。

あなたは大丈夫？「質問力診断」

相手の話の冒頭だけを聞いて、わかったつもりになることが多い	Yes ／ No
人が話している途中によく考え事をしてしまう	Yes ／ No
1対1で話をすると、すぐに話題が途切れてしまう	Yes ／ No
電話で話すとき、相手の声とかぶることが多い	Yes ／ No
話している相手が話題を変えてくることがよくある	Yes ／ No
テレビなどで見たニュースの話をすると、よく間違いを指摘される	Yes ／ No
長いカタカナ言葉を覚えるのが苦手だ	Yes ／ No

★Yesが4個以上あれば要注意。6個以上あると〝トンチンカンな質問〟をしている可能性大なので気をつけたい。

●「問題発見力」を高めるといい質問ができる

　誰もが子どものころにひとつくらいは不得意な教科があったはずだ。

　わからなかったら先生に質問しなさいといわれても、それができない。なぜなら、何がわからないのかが自分でわかっていないからだ。

　しかし、社会人になってもこんな調子では困りものだ。

　「仕事」は、そうそういつもスムーズに運ぶものではない。むしろ、社内や社外に発生する問題を解決しながら前に進めるものだ。

　であれば、どこに問題があるのかを発見できなければ立ち行かなくなる。つまり、「問題発見力」のスキルが非常に重要な能力だといえるのである。

　ちなみに、問題発見の能力は「質問力」とも密接な関係にある。

　どこに、**どんな問題が潜んでいるかを発見するには、関係者へのヒアリングが不可欠**だからだ。

　相手とコミュニケーションをとるなかで常に話を聞く耳を持ち、質問をすることで問題を深く掘り下げていく——。質問できる力が備わっていけば、おのずと問題発見力が身についていくだろう。

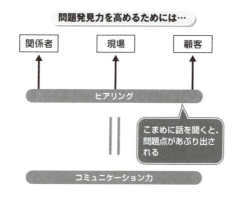

質問力 ❸
相手の手の内を理解する

●交渉では「質問する側」に立つ

ビジネスシーンでもっとも会話のスキルが求められるのは、ずばり交渉の場だ。シビアな契約なら、相手の出方を観察しながら少しずつこちらの手の内を見せるような駆け引きを展開することもけっして珍しくはない。

このような場面で、ぜひとも覚えておきたいちょっとしたコツがある。それは、会話の中ではできるだけ質問する側に立つということである。

たとえば、ある契約の内容や予算について話し合うとする。そのときにいろいろと質問されれば、聞かれた側は答えざるを得ない。

本来は隠し玉にしようとしていた手の内を見透かされたりしてしまう危険もあるのだ。

つまり、商談の席では、質問をされる側よりも質問する側のほうにアドバンテージがあるということなのである。

とくに腹を探り合うような局面では、「具体的にどのようにお考えですか?」とか「状況が変わったらどう対応されますか?」などと質問する側に回れば、相手の持ち札が1枚ずつオープンになる。

そうなれば、自分のペースで交渉を進めることができるのだ。

なぜ、質問する側に立つと交渉が有利になるのか

○○についてはどうお考えですか?
こうするつもりです
なるほど、どんなふうに展開させるのですか?
△△だと思っています

質問者になると持ち札を出さずに交渉できる

質問されると持ち札を出さざるを得ない

伝える力

●「視点置き換え法」で質問の質が上がる

　幼い頃、親や先生から「相手の立場になって考えなさい」と言われたことがあるはずだ。相手の立場に自分を置くことで、それまで見えなかったものが見えてくるからである。

　仕事上のトラブルの多くもまた、同じように立場を「置き換える」ことで切り抜けることができる。そして、それにより新たなヒントが見えてくる場合もあるのだ。

　たとえば、自分は絶対にうまくいくと信じているプロジェクトに上司が「イエス」と言ってくれないときは、上司の立場に自分を置き換えてみるのだ。

　すると、上司がほかの社員との兼ね合いを考えていたり、会社全体としての今後の営業展開を考えていることに気づいたりする。

　それまでの自分にはなかったモノの見方を知ることで、上司も納得できる新たな発想が生まれるだろう。

　重要なのは、立場を置き換えて、相手だったらどう考えて行動するかをシミュレーションすることだ。そこに新しい視点や発想の発見があるわけで、相手の立場を理解することで衝突を避けることもできるのだ。

自分を「質問される側」に置き換えるといい質問者になれる

自分が質問される側だったら…
・いきなり核心に触れる質問はされたくない
・丁寧な言葉遣いで聞いてほしい
・聞きたいことを簡潔に伝えてほしい

↓

自分が聞かれたい質問を考える

質問力 ❹
会話を盛り上げる

伝える力

●会話を弾ませるのは「共感」より「相違」

　いつも自分の意見に共感したり、賛同してくれる人とは楽しく話ができるものだ。ところが、あとでその内容を思い返してみると、「何か物足りない」と感じることはないだろうか。

　ふつうに考えれば、話が合う相手には親近感が生まれるし、いいことずくめのような気がする。しかし、会話の本当の面白さとは、相手と自分の異なる意見を戦わせることにある。

　ひとつの話題をめぐって、自分とはまったく違った意見を語り始めたとする。そこで「この人は自分とは違うな」と感じ、自分の感覚をシャットアウトして話す意欲がなくなってしまう人がいるとしたら、それはもったいない話である。

　もし、自分とは違う考えや意見を聞いたら「どうしてそう考えるのですか？」と質問してみよう。

　するとそこには、想像もしていなかった発想や着眼点があるかもしれないし、自分が否定していた考え方にもまったく別のとらえ方があるかもしれない。

　話をしているときにそんな「違い」を感じたら、そこを掘り下げてみよう。それが、より発展のある会話へのきっかけとなるのだ。

「違い」を突き詰めると話は面白くなる！

質問力ドリル

部下が、トラブルが起こったことを報告してきました。上司として、まず何を質問するべきでしょうか。

質問①の続きです。今度はあなたが部下の立場です。上司からトラブルの原因を聞かれたあと、指示がありました。しかし、それでは解決しないと考えたあなたはどのように対応しますか。

質問①の答え…原因を聞く
部下はトラブルをどうにか処理することに目がいきがちなので、上司としては「なぜ、そうなったのか」と、まず原因を先に聞くことでそこから現状を把握して、解決策を考えるべきでしょう。

質問②の答え…自分の意見を伝える
トラブルをどう解決するのか、それについての自分の意見や解決策を提案します。しかし、最終的に仕事をするのは上司ですから、最後は上司の指示に従うようにします。

回答力 ❶
相手を納得させる

伝える力

●反対意見でも相手が納得するYES/BUT法

　モノの見方や考え方が人それぞれ違うのは当たり前なのに、つい自分の意見が正しいとばかりに押し通そうとしてしまうことはないだろうか。

　いくら意見が合わなくても、相手の言い分をよく聞かないうちから否定するようなことだけはしないほうがいい。

　もし反対意見を言うとしても、まず相手の話を自分が正確に理解しているか確かめることが必要だ。なぜなら、相手の言い分がわからなければ、自分の意見との違いを知ることができないからだ。

　相手の言い分が理解できないときには、自分が理解できるまで「それはこういうことですか」というように内容を確認する必要がある。

　そして、意見が食い違った場合にも「それは違いますね」などと真っ向から反論せず、**まずは「なるほど、たしかにそういう考えもありますね」と、一度相手の意見を受け入る。**

　それから、「あなたのいうこともわかりますが、私の考えでは…」と、自分の意見を言うのだ。これを「YES/BUT法」という。

　このとき、「私の意見が必ずしも正しいとはいえませんが」と前置きすることも効果的である。相手の態度が軟化したところで、自分の意見を主張すれば、反対意見だとしても相手も納得するというものだ。

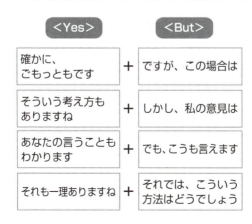

●質問に答えず信用を得る方法

　製品の製造方法に関する企業秘密や、あるいは人事に関することなど、取引先から返答に困るような質問をされたとしよう。

　そんなとき、「いや、それはちょっと…」と相手から目をそらして口ごもったり、急に話題を切り替えて質問そのものをはぐらかしたりしてはいけない。何か隠そうとしていると勘繰られてしまうからだ。

　それよりなぜ答えられないのか、その理由を誠実に説明したほうがかえっていい結果を生むことが多い。

　企業秘密なら、「それは業務上の秘密になっておりますので、お答えできかねます」と頭を下げればいいし、また、それが別の部署の担当で自分の知らないことなら、その旨をはっきりと説明すべきだ。

　質問をするとき、たいていの人はそれに答えてくれることを期待しているため、答えてもらえないと裏切られたような気持ちになる。

　さらに、曖昧な態度をとられたり、質問そのものを避けられたりすると「何か都合の悪いことでもあるのでは？」と勘ぐってしまう。

　しかし、**誠意をもって「なぜ答えられないか」を説明すれば、相手も納得してくれる**のである。

Q　得意先の客から業務上の秘密について質問されたら、何と答えますか？

①「さあ、それは……ちょっと……」
②「すみません。わかりません」
③「業務上の秘密ですから、私の口からはお答えしかねます」

★ベストアンサーは③
曖昧な態度をとるよりも、はっきりと理由を答えたほうが信頼関係が築ける。

回答力 ❷
好感度を上げる断り方

伝える力

●誠意が伝わる断り方・切り上げ方

　本当は断りたいにもかかわらず、どう切り出していいかわからずに、なかなか断ることができない人がいる。

　そんな人にオススメしたいのが、「ノン・ディレクティブ・メソッド（非指示的方法）」である。

　これは、**いきなり断るのではなく、まずは相手の要望や言い分を一度全部受け入れてみる**という方法だ。

　頭から断わるような態度をせず、言い終わるまで誠意をもって聞くのである。

　すると相手は、敬意を払われている、あるいは評価されていると感じて、ひとまず安心する。そういう心理にさせておいてから丁寧に心を込めて

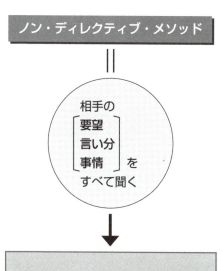

断わればいいのだ。

　一番よくないのは、相手の言い分を遮って畳みかけるように話を切り上げることだ。

　ただ、断わるときに「できません」「無理です」などと、簡潔にすませてしまうと悪い印象だけを与えてしまうことになりかねない。

　そこは、「お手伝いしたいのはやまやまですが」「お力になれなくて申し訳ございません」などの表現を用いることで、誠意が伝わるはずである。

●評価が上がる断り方

　上司から酒席に誘われると、職場ではなかなか言えないような話もできるし、上司の本音が聞きだせるなどメリットも多い。

　だが、その上司が無類の酒好きともなれば話は別だ。1軒や2軒ではおさまらずにハシゴ酒をして、気がついたら終電を過ぎていたということにもなりかねない。

　そこで、上司の機嫌を損ねることなく気持ちよく、スムーズに"お開き"にするには、「これ以上飲むと明日の仕事に差し障りができる」というニュアンスを含んだフレーズを使えばいい。

　いくら酒好きとはいえ、責任のある立場にある人であれば「仕事に差し障りがある」というフレーズに弱い。

　つまり、これ以上引き止めて飲ませるわけにはいかない、と思わせればいいのだ。

　そのほかにも、「いやあ、今日の酒は特別おいしかったです。つい飲みすぎてすっかり酔ってしまいました。そろそろお開きにしましょうか」と進言するのもいい。

　上司に対する感謝の気持ちがこもっているから、帰宅を促されたほうも悪い気はしないはずだ。

　酒席を上手に使って上司に気に入られるのもデキるビジネスパーソンの使えるテクニックのひとつなのである。

回答力 ❸

トラブルを大きくしない「言葉」

伝える力

●バリエーションを持っておきたい「感謝の言葉」と「お詫びの言葉」

　仕事では思いがけないトラブルに見舞われたりする。理由はどうであれ、非があるほうは謝罪を重ねて許しを乞うしかない。

　しかし、ときにはただ「申し訳ありませんでした」の一点張りの人がいる。これでは相手の怒りが収まらないだろう。

　そこで、そんな場合に備えて、ふだんからある程度自分の中でお詫びの言葉のバリエーションを持っておくといい。

　たとえば、「ご迷惑をおかけしまして言葉もございません」「誠に申し訳なく、深くお詫びいたします」など、日本語にはさまざまなお詫びの表現がある。

　バリエーションといっても、手を替え品を替えという意味ではない。謝罪の気持ちが一番伝わる言葉を選ぶということである。

　あるいは、「感謝の言葉」に関しても「ありがとうございました」以外の言葉で伝えてみたい。「ご指導賜り、たいへん勉強になりました」「初めてのことでしたが、心強かったです」など、感謝の気持ちを率直に言葉で表現すると気持ちが伝わりやすいはずだ。

　上っ面の言葉ではなく、心を込めて伝えたい。

気持ちが伝わる「お詫びの言葉」「感謝の言葉」

お詫びの言葉	感謝の言葉
ご迷惑をおかけして 申し訳ありませんでした	ご指導を賜り、 たいへん勉強になりました
誠に申し訳なく、 深くお詫びいたします	ご尽力くださいました ことを 心より感謝いたします
大変失礼をいたしました	ご足労いただきまして、 誠にありがとう ございました

●相手にいい印象を与えられる「怒られ方」

　大切な商談だということはわかっていても、仕事が押したり、交通渋滞に巻き込まれたりして、やむを得ず遅刻をしてしまいそうなときはすぐに先方に連絡をするのが礼儀だ。

　ただ、その際には必ず余裕をもって"遅めの到着時間"を告げるようにしたい。

　ふつうは、少しでも早く着きたいという気持ちからギリギリの時間を告げるところだが、もしさらに遅れてしまったら、相手に二重に遅刻をしたという印象を与えてしまう。それを避けるために遅めの時間を伝えるのである。

　次に、相手の会社に到着して担当者と顔を合わせたら、けっして言い訳をしてはいけない。遅刻したことを心から詫びのるが先決だ。

　相手が仮に不機嫌だったとしても、言い訳もせずにひたすら頭を下げている姿を目にするとそのうち怒る気も失せるはずだ。

　機嫌が収まったと判断したら手短に遅れた理由を述べて、気持ちを切り替えて商談に入ろう。

回答力ドリル

質問①

仕事帰りの立ち飲み屋で、会社の同期と2人で飲んでいる。金曜日の午後7時ごろとあって店内は超満員だ。さて、ここでしてはならない話とは？
それぞれの項目に、×、△、〇をつけてほしい。

政治や宗教の話
会社や取引先の話
スポーツ・芸能の話

質問②

食事をしているときなどによく使う「おいしい」という表現を別の言葉で言い換えるなら、どのような表現があるだろうか。思いつく限り書き出してほしい。

質問①の答え…政治や宗教の話×　会社や取引先の話×　スポーツ・芸能の話〇　政治や宗教の話は意見が分かれることも多く、自分と異なる意見の人物に議論を吹っかけられたりすると、険悪な雰囲気になります。また、状況次第では立ち聞きされて会社の中で広まる、特に漏らしてはならない秘密情報が広まったりすることもあるので、スポーツ・芸能の話題が無難です。

質問②の答え
「うまい」「うますぎる」「うめえ」「いい味」「風味がたまらない」など、いろいろな言葉ではなく、とき には意識して言葉の選び方を使ってボキャブラリーを広げてみましょう。

好感力 ❶ 好かれたい人との距離を縮める

●好かれたい人に好かれる「映し鏡の法則」

　ビジネスに限ったことではないが、好感を持たれたい相手がいれば、まずは自分から相手を好きになることだ。
　なぜなら、**自分が好感を持っている相手は同じように好感を抱くという法則がある**からだ。これは、心理学で「映し鏡の法則」という。
　もちろんこの法則は好感だけに当てはまるのではなく、苦手に思う相手はやはり自分のことも苦手だと思っている場合が多い。
　だから、人との距離を縮めようと思ったら、まずはその相手のいいところを見つけて、あまり好きではない部分はできれば見ないようにすればいい。
　とくに、取引相手とはいい関係を築いておいて損はない、せっかく仕事でつながりを持ったわけだから、好感を持って接したほうがお互いハッピーになれるのだ。
　まずは相手を好きになり、コミュニケーションをおざなりにしない。これが双方の距離を縮める基本でもあるのだ。

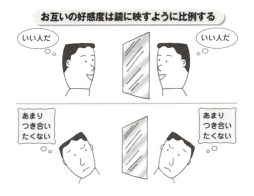

お互いの好感度は鏡に映すように比例する

●相手との距離を縮める「コフートの法則」

「褒められたい」「頼りたい」「同調してほしい」──。アメリカの精神分析学者ハインツ・コフートによれば、人は会話をしているときにこのような3つのニーズを心に隠し持っているのだという。

つまり、これらのニーズを満たしてくれる人こそ"必要な人"で、その人にとって信頼に値する人物になるというわけだ。

いまや、同じ職場で定年まで勤め上げるということは皆無に等しい。転勤や転職で環境が変わることは必ずあるはずだ。

そんな新たな人間関係を築かなくてはならないときには、この「コフートの法則」を活用したい。

新しい仕事仲間の長所を見つけたら「すごいね」とひと声かけたり、素晴らしい成績を上げた人を称えたりしてみよう。

すると、積極的に自分をアピールしなくても自分の存在感を示すことができるはずだ。

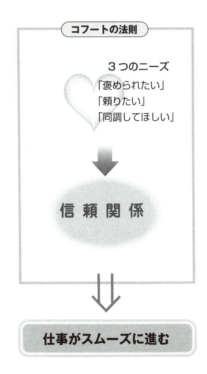

好感力 ❷
好感度を上げるふるまい

●人を引き寄せる言葉、遠ざける言葉

「忙しいという人ほど、じつは忙しくない」というのはよくいわれることだが、それがすっかり口癖になっているようなら要注意だ。

「忙しい」に限らず、「疲れた」「眠い」「しんどい」など、ネガティブな言葉を発する人にはオーラがない。そういう人がいると、まわりの人にまでそれがうつってしまうのだ。

では、誰もが一緒に仕事をしたいと思うのはどんな人かといえば、ポジティブな言葉を発し、プラスのエネルギーを持っている人である。

誰だって仕事をするなら、悲壮感を漂わせる中でやるよりは楽しくやりたい。とくにひとつのプロジェクトを数人のチームで進めるような場合には、「この人となら充実した仕事がやれるのではないか」と思わせることが重要だ。

とはいえ、もともとの性格がマイナス思考という場合もある。そんな人は、無理にポジティブになろうとするのではなく、ネガティブな言葉を発しないように気をつけるだけでも周囲に与える印象はだいぶ違ってくる。

とりわけチームワークを要するような場面では、少なくともマイナスの空気を出さないよう気をつけたい。

ポジティブな言葉は人を引き寄せる磁力になる

●好感度を上げる情報開示のやり方

　ビジネスパーソンにとって情報は財産だ。情報量の多さはチャンスを増やし、質の高さは成功をもたらす。アンテナを張り巡らし、コツコツと情報収集した本人の努力の結晶だといえるだろう。

　しかし、ときには意図していないところで「ひょうたんから駒」的に情報を得ることもある。こんなときは、情報をできるだけ仲間と共有したほうがいい。

　いまの世の中、情報が流れるスピードは驚くほど速い。本来はまだ発表されるはずのないニュースが事前に流出するケースもしばしば起こる。

　しかし、遅かれ早かれ表に出るのは時間の問題だ。1人で抱えていても鮮度が古くなるばかりで、メリットなどたいしてないのだ。

　むしろ、情報を出し惜しみする人というイメージがつけばデメリットのほうが大きい。それよりは、その**情報を関係者に平等に伝え、有意義に使ってもらった**ほうが好感度も高くなる。

　ただし、Aさんには教えるがBさんには教えないというのはいけない。情報を活かそうとするならば、全員で共有することがポイントなのである。

情報を平等に共有するとチーム力も高まる

- じつはA社のこんな情報が…
- ありがとう
- 共有
- いまからA社に行くから探りを入れてくるよ
- 好感度アップ

伝える力

好感力 ③ 印象を変える表情

●好感度が高い伝え方

　赤ちゃんが笑った顔を見て、不愉快になる人はおそらくいないはずだ。あるいは、買い物をして「ありがとうございました」と笑顔で言われるのと、仏頂面で言われるのとでは気分が大きく変わってくる。

　このことからわかるように、笑顔には他人を気持ちよくさせるパワーがある。

　「笑顔がいい」と褒められることは、とくに客相手の仕事をしている人にとっては最高の賛辞なのである。

　ところで、無垢な赤ちゃんはさておき、大人はどんなときに笑みを浮かべるだろうか。それは、心に余裕があるときだ。

　人は緊張し、警戒しているときは表情を失う。それは心にゆとりがないからで、逆に信用できる相手に対しては笑顔は出やすいのだ。

　つまり、満面の笑みを向けるということは信頼感の証であることが相手にも伝わるのである。

　タレントや俳優の好感度ランキングを見てもわかるとおり、たいていは陽気で明るいキャラクターの人が上位にランクインしているはずだ。

　寡黙なイケメン俳優やクールな女優もたしかに人気はあるものの、好感度となると「明るい人」が選ばれる携行が強い。

　やはり人は、「陽」に惹かれるのだ。

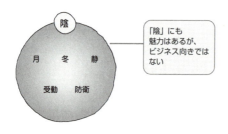

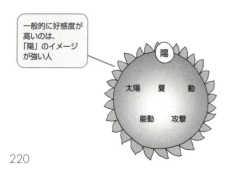

好感力ドリル

質問①
同僚が残業をしているなかで、自分ひとりだけが先に帰るのは少々気がひけるものだ。こんなときに悪い印象を残さないで帰るには、どんな声をかけて、どんな態度でオフィスを出ればいいだろうか。

質問②
得意先とのアポイントの日程をどうしても変更しなくてはならなくなった。対応としては、以下のどちらが適当だろうか。

A

7月26日（月）のお約束ですが、7月30日（金）に変更していただくことは可能でしょうか？
時間の変更はございません。
もしご都合が悪いようでしたら、何日か候補日をご連絡いただければ幸いです。
何卒よろしくお願い申し上げます。

B

7月26日のお約束ですが、7月30日に変更していただくことは可能でしょうか？
なお、時間の変更はございません。
お忙しいなかこちらの都合で大変恐縮ではございますが、何卒よろしくお願い申し上げます。

質問①の答え…
頭を下げながら「すみません、お先に失礼します」と、申し訳ない気持ちを伝えるといいでしょう。「お疲れさまでした」だけでは、こちらだけが仕事を終えて出るというイメージをもたれてしまう。「お疲れさまでした」に付け加えるだけで印象をよくするひと言を用意しましょう。もし、時間に余裕があるときには「お手伝いしましょうか？」と聞いてみるのも相手に気をつかわせることなく好感度を高めます。

質問②の答え…A
この場合、相手が早く候補日をもらうように書いておけば、一方的に連絡をもらうという印象を与えるようにします。また、メールで急を要する場合には、翌日必ず電話で確認をするようにします。ちょっとしたメールの付け加えから気配りは伝わっていきますので、工夫してみてようにしましょう。

〇参考文献

『ヒット商品をつくる頭と売る頭』(平林茂／KKベストセラーズ)、『相手に「伝わる」話し方』(池上彰／講談社)、『心を引きつける気のきいた「話し方」75』(福田健／三笠書房)、『あたりまえだけどなかなかできない説明のルール』(鶴野充茂／明日香出版社)、『「話す力」が面白いほどつく本』(櫻井弘／三笠書房)、『自分の考えを「5分でまとめ」「3分で伝える」技術』(和田秀樹／新講社)、『論理的な話し方が身につく本』(西村克己／PHP研究所)、『人前で3分、あがらずに話せる本』(金井英之／すばる舎)、『ビジネス《最強》の心理術』(樺亘純／三笠書房)、『文系のための使える理系思考術』(和田秀樹／PHP研究所)、『図解「人脈力」の作り方』(内田雅章／講談社)、『「考える力」をつける本2、3』(轡田隆史／三笠書房)、『シンプルプレゼンの技術』(小宮清／日本能率協会マネジメントセンター)、『心理操作ができる本』(渋谷昌三／三笠書房)、『「聞き方」ひとつで人は育ち・動く』(石川和夫・伊藤敦子著／こう書房)、『「相手の本心」が怖いほど読める!』(デビッド・リーバーマン／小田晋訳／三笠書房)、『相談の法則』(大原敬子／扶桑社)、『欠点を長所に変える話し方』(石原加受子／PHP研究所)、『一冊の手帳で夢は必ずかなう』(熊谷正寿／かんき出版)、『野村式　ムリしない仕事術』(野村郁夫／新星出版社)、『仕事で差がつくメモ術・ノート術』(本田尚也／ぱる出版)、『仕事・勉強・人生のすべてが劇的に変わる!奇跡のノート術』(長崎快宏／PHP研究所)、『システム手帳の極意』(舘神龍彦／技術評論社)、『カリスマ編集者の「読む技術」』(川辺秀美／洋泉社)、『原稿用紙10枚を書く力』(齋藤孝／大和書房)、『アタマが良くなる合格ノート術』(田村仁人／ディスカヴァー・トゥエンティワン)、『STUDY HACKS』(小山龍介／東洋経済新報社)、『超右脳活用ノート』(七田眞／PHP研究所)、『松下幸之助　夢を育てる』(松下幸之助／日本経済新聞出版社)、『A6ノートで読書を超速化しなさい』(松宮義仁／徳間書店)、『即効マスターらくらく速読ナビ』(松田真澄／日本実業出版社)、『読書力』(齋藤孝／岩波書店)、『人生を変える大人の読書術』(牧野剛／メディアックス)、『いつも目標達成している人の勉強術』(福田稔／明日香出版社)、『ニッポン式お勉強』(村木俊昭／角川SSコミュニケーションズ)、『勉強術』(小山龍介／インフォレスト)、『超速勉強法』(黒川康正／PHP研究所)、『図解 勉強の技術!』(二木紘三／日本実業出版社)、『汗をかかずにトップを奪え!』(三田紀房／大和書房)、『このノートで成績は必ず上がる!』(後藤武士／大和書房)、『脳スッキリ!パズルの本321』(芦ケ原伸之／ゴマブックス)、『百万人のクイズ狂―あなたの頭脳に波状攻撃!』(竹山茂／雄鶏社)、『決定版!超カンタン速読入門』(寺田昌嗣、玉城博正／金の星社)、『頭の体操〈第2集〉』(多湖輝／光文社)、『人生に役立つ論理トレーニング』(渡辺パコ／幻冬舎)、『論理力が身につく大人のクイズ』(逢沢明／PHP研究所)、『交渉の技術がみるみる上達する!』(二木紘三／日本実業出版社)、『面白いほどうまくいく心理戦術』(渋谷昌三／東洋経済新報社)、『大人の養成講座』(石原壮一郎／扶桑社)、『さおだけ屋はなぜ潰れないのか?』(山田真哉／光文社)、『ちゃんとした大人のマナーがわ

かる本』(マガジンハウス)、『あなたの知らない脳の使い方・育て方』(デイビッド・ギャモン&アレン・D・ブラグドン／誠文堂新光社)、『「プレゼン」の基本&実践力がイチから身につく本』(鶴野充茂／すばる舎)、『仕事が劇的にうまくいく情報収集力』(久我勝利／成美堂出版)、『嘘を見破る質問力 反対尋問の手法に学ぶ』(荘司雅彦／日本実業出版社)、『頭をよくする ちょっとした「習慣術」』(和田秀樹／祥伝社)、『観察力をつける〈知のノウハウ〉』(小川明／日本経済新聞社)、『大人の表現術』(中島孝志／主婦の友社)、『信頼される人のキメのひと言』(浦野啓子／幻冬舎)、『対人術』(山﨑武也／日本経済新聞社)、『すごい「実行力」』(石田淳／三笠書房)、『五感で磨くコミュニケーション』(平本相武／日本経済新聞社)、『『分かりやすい説明」の技術 最強のプレゼンテーション15のルール』(藤沢晃治／講談社)、『「考える力」をつける本』(轡田隆史／三笠書房)、『なぜか、「仕事がうまくいく人」の習慣 世界中のビジネスマンが学んだ成功の法則』(ケリー・グリーソン著、楡井浩一訳／PHP研究所)、『考えないヒント アイデアはこうして生まれる』(小山薫堂／幻冬舎)、『学力アップの心理学 記憶力・創造力・集中力を伸ばす!!』(齊藤勇編／誠信書房)、『40歳からの「3秒間」集中力鍛練法』(中島孝志／講談社)、『インタビュー術!』(永江朗／講談社)、『発想のトリック』(樺亘純／PHP研究所)、『短時間で成果をあげる できる人の勉強法』(安河内哲也／中経出版)、『大人のスピード勉強法 時間がない人の66の具体例』(中谷彰宏／ダイヤモンド社)、『営業部は今日で解散します。「伝える力」のアイデア帳』(村尾隆介／大和書房)、『嫌いなものは嫌ときっぱり伝える対話術』(バルバラ・ベルクハン著、瀬野文教訳／草思社)、『一瞬で伝える「わかりやすさ」の技術』(齋藤孝／大和書房)、『〔図解〕自分の考えをしっかり伝える技術』(八幡紕芦史／PHP研究所)、『1分で大切なことを伝える技術』(齋藤孝／PHP研究所)、『アイデアを形にして伝える技術』(原尻淳一／講談社)、『「手書き」の力』(和田茂夫／PHP研究所)、『週刊 東洋経済 2008.6.21』(東洋経済新報社)、『〈決定版〉プロの仕事術』(『THE21』編集部編／PHP研究所)、『プレジデント』(2002・7・29号、2006・1・30号、2006・6・12号、2007・9・17号、2009・7・13号／プレジデント社)、『週刊ダイヤモンド』(2005・4・2号、2005・6・11号／ダイヤモンド社)、『こんなときどうする？最新マナー55』(イミダス2004別冊付録／集英社)、『R25』(2009・6・25)、『THE21』(2008・1号、2008・8号／PHP研究所)、『DIME』(2008・3・18／小学館)、『Associè』(2005・9・20号、2006・6・6号、2008・8・5号、2008・9・2号／日経BP社)、『SPA！』(2008・7・1号／扶桑社)、『ダカーポ』(2004・12・1号／マガジンハウス)ほか

〇参考ホームページ

話し方研究所、月間リーダーシップ、日経BP社、リクナビNEXT、日経新聞社、アイティメディア、R25、ブザン・ワールドワイド・ジャパン、フォトリーディング公式サイト、日経BPネット、ほか

編者紹介

知的生活追跡班

忙しい現代人としては、必要な情報だけすぐ欲しい、タメになることだけ知りたい、と思うもの。けれど実際、世の中そう簡単にはいかない……。そんなニーズに応えるべく結成された。あらゆる最新情報の肝心なところだけを、即座にお届けするのを使命としている。

本書は、「インプットする力」と「アウトプットする力」を、「考える」「学ぶ」「読む」「話す」「書く」「伝える」などのビジネスシーン別に紹介している。手元にあれば必ず役立つ、心強い一冊！

思考をアウトプットする1秒図鑑

2019年2月10日　第1刷

編　者	知的生活追跡班
発行者	小澤源太郎
責任編集	株式会社プライム涌光
	電話　編集部　03(3203)2850
発行所	株式会社青春出版社

東京都新宿区若松町12番1号〒162-0056
振替番号　00190-7-98602
電話　営業部　03(3207)1916

印刷・大日本印刷　製本・人口製本

万一、落丁、乱丁がありました節は、お取りかえします
ISBN978-4-413-11284-0 C0030
©Chiteki seikatsu tsuisekihan 2019 Printed in Japan

本書の内容の一部あるいは全部を無断で複写(コピー)することは
著作権法上認められている場合を除き、禁じられています。

青春出版社のA5判シリーズ

誰にも知られたくない 大人の心理図鑑
おもしろ心理学会［編］

空の扉を開く 聖なる鍵
忘れられたゼロ意識とは
Mana

図解 週3日だけの「食べグセ」ダイエット
山村慎一郎

2週間で体が変わる グルテンフリーの毎日ごはん
溝口徹　大柳珠美

やってはいけないヨガ
正しいやり方、逆効果なやり方
石井正則／著　今津貴美〈キミ〉／ポーズ監修

「人づきあいが面倒！」なときのマインドフルネス
「自分中心」で心地よく変わる"ラビング・プレゼンス"の秘密
髙野雅司

かみさま試験の法則
つらい時ほど、かみさまはちゃんと見てる
のぶみ

細い脚は「ゆび」がやわらかい
2万人を変えた！美脚メソッド
斉藤美恵子

お願い
ページわりの関係からここでは一部の既刊本しか掲載してありません。折り込みの出版案内もご参考にご覧ください。